Rheinhessisches Wildkräuterbuch

Von Hans
zum
66.

Die Siefersheimer Kräuterhexen:
Karin Mannsdörfer, Christine Moebus und Christine Werner

Siefersheimer Kräuterhexen

Rheinhessisches Wildkräuterbuch

Wildkräuter erkennen, sammeln und genießen

Herausgegeben von
Angelika Schulz-Parthu

LEINPFAD
VERLAG

© Leinpfad-Verlag, März 2002

Dieses Werk ist in allen seinen Teilen urheberrechtlich geschützt. Die dadurch begründeten Rechte, insbesondere die des Nachdrucks, des Vortrags, der Übersetzung, der Entnahme von Abbildungen, der tontechnischen Wiedergabe, der Mikroverfilmung oder der Vervielfältigung auf anderen Wegen sowie der Speicherung in und die Verarbeitung durch elektronische Systeme, bleiben, auch bei nur auszugsweiser Verwertung, vorbehalten. Eine Vervielfältigung dieses Werkes oder von Teilen dieses Werkes ist grundsätzlich vergütungspflichtig und ohne schriftliche Genehmigung des Rechtsinhabers nicht gestattet.

Zeichnungen: Käthe Rehbinder, Ingelheim
Fotos: Wolfgang Fuhrmannek, Frankfurt/Main
Umschlag: kosa-design, Ingelheim
Satz: Leinpfad-Verlag, Ingelheim
Druck: Druckerei Wolf, Ingelheim

ISBN 3-9807711-4-8

Leinpfad-Verlag, Leinpfad 5, 55218 Ingelheim,
Tel. 06132/8369, Fax: 896951
www.leinpfad-verlag.de

INHALT

* Alle Rezepte sind für vier Personen berechnet.

Durch unsere in Siefersheim angebotenen Wildkräuter-
Wanderungen, haben bereits sehr viele naturverbundene
„Kräuterlehrlinge" das alte Kräuterwissen neu entdeckt.
Unsere Geschichten, Mythen, Kochtipps und heil-
spezifischen Aspekte weckten bei unseren Gästen das
Bedürfnis, das frisch Gelernte auch zu Hause umzusetzen.
Dieser Wunsch war Ansporn für uns, ein ganz spezielles
„Kräutereinmaleins" zu schreiben.
So soll unser kleines rheinhessisches Kräuterbuch eine
„Einstiegsfibel" sein, in der nur solche Wildkräuter be-
schrieben werden, die auch den ungeübten Kräuter-
Wanderer nicht vor unlösbare Bestimmungsprobleme
stellen. Unser Ziel war es, ein kleines nachvollziehbares
Kräuter-Kompendium zu schaffen. Dazu gehören auch
einfache Rezepte, die nicht eine Unmenge an Einkäufen
voraussetzen, um sie zu realisieren.
Zeitgemäße Analysen belegen, dass Wildkräuter oft das 10-
fache an Vitaminen und Mineralien enthalten wie handels-
übliche Gemüse und Salate. Hinzu kommt, dass diese
„wilden" Vitamin-Konzentrate keine käuflichen, dafür aber
verlässliche Freunde am Wegesrand sind. Aus dem homo-
genen Grün der Landschaft tauchen sie auf, wenn der
Prozess des Erkennens erst einmal eingeleitet ist. Und wie
unter Freunden üblich, sind gerade solche die wichtigsten,
die man nicht mühsam suchen muss.
Das Sammeln einheimischer Wildkräuter stellt heute keine
Lebensnotwendigkeit mehr dar, da wir glücklicherweise
keinen Versorgungsengpässen unterliegen. Jedoch trägt
eine gezielte Kräuterernte nicht unerheblich zur Lebensqua-
lität bei. Schon allein der für die Kräuter-Anwendung
notwendige Spaziergang durch die Natur ist eine positive
Indikation gegen akuten Bewegungsmangel und Stress.
Eine ausgefallene Wildkräuterküche öffnet neue
Geschmackshorizonte, mit denen man nicht nur den
Gaumen anspruchsvoller Gäste verzaubern kann. Das
Gefühl eine gewisse Unabhängigkeit gegenüber der
Nahrungsmittelkette aus dem Supermarkt zu besitzen,
schenkt Ihnen eine wunderbare Freiheit.
Vielleicht trägt unser Kräuterbüchlein ein wenig dazu bei,

auch in Ihnen die Liebe zu diesen zarten Geschöpfen zu wecken. Unter Umständen werden bei Ihnen auch alte Erinnerungen wieder geweckt, denn oft wissen wir mehr über die Wildkräuter als uns bewusst ist.

In diesem Sinne wünschen wir Ihnen ein gutes Gelingen bei der Umsetzung unserer Kräuter-Tipps.

Ihre Siefersheimer Kräuterhexen
Christine Moebus, Karin Mannsdörfer und Christine Werner

Früher waren alle Kräuter wild. Dann kam der Mensch und begann, viele Kräuter einerseits für medizinische Zwecke und einige wenige Kräuter auch für Küche und Haushalt zu kultivieren. So entstand die Aufteilung in Heilpflanzen, Gartenkräuter und „Un-Kräuter". Natürlich gab es immer Menschen, die Wildkräuter kannten und sie schätzten. Und es gab Notzeiten, in denen man zwangsläufig lernte, Wildkräuter wieder in der Küche zu verwenden.

VOM NEUEN INTERESSE AN WILDKRÄUTERN

In den letzten zwanzig Jahren gewannen die Wildkräuter stark an Ansehen. Die Gründe dafür sind ein neues Bewußtsein für die Umwelt und der wieder entdeckte Geschmack am Natürlichen. Und interessant geworden sind sie nicht nur für Alternative, also für Selbstversorger und Leute, die einen einfachen Lebensstil gewählt haben, oder für Vegetarier. Mittlerweile veröffentlichen Frauenzeitschriften im Frühjahr Rezepte für Brennnesselsuppe, Feinschmecker schwärmen von Spaghetti mit Breitwegerich und Räucherlachs, Spitzenrestaurants bieten Wildkräuter auf ihrer Karte an und es haben sich sogar schon etliche Gärtnereien auf ihren Anbau und Versand spezialisiert!

VOM WERT DER WILDKRÄUTER

„Wild"-Kräuter, die in Gärtnereien angebaut werden - das deckt sich nicht mit dem Verständnis vom Wildkraut, wie es diesem Buch zugrunde liegt. Wenn hier von Wildkräutern gesprochen wird, dann sind damit alle nicht kultivierten, wild wachsenden Kräuter-, Obst- und Gemüsepflanzen gemeint.
Wildkräuter sind reich an Vitaminen und Mineralien und enthalten außerdem würzige ätherische Öle und appetitanregende Bitterstoffe. So liefern zum Beispiel 100 g Löwenzahn 7,8 mg Carotin (Vorstufe von Vitamin A), etwas Vitamin B_1 und B_2, 30 mg Vitamin C, 2 g Mineralstoffe, darunter Kieselsäure, Kalium, Magnesium, Kupfer und Zink und außerdem bemerkenswert viel Cholin, das ist ein Bitterstoff, der sich günstig auf die Leberfunktion auswirkt. Da kann kein Kopfsalat mithalten!
Und wenn man Wildkräuter nicht gerade neben viel

befahrenen Straßen sammelt (siehe die Tipps weiter unten) und nur gesunde, gut gewachsene Pflanzen auswählt, kann man sicher sein, dass diese Wildkräuter relativ schadstoffarm sind und vollkommen ohne künstliche Anreicherung wie z. B. Dünger ihre idealen Lebensbedingungen gefunden haben.

ZUM KONZEPT DIESES BUCHES

Der Untertitel ist Programm: Das Rheinhessische Wildkräuterbuch möchte den Einstieg in das Erkennen, Sammeln und Genießen - oder prosaischer: Verwenden - von Wildkräutern möglichst leicht machen.

Das Bestimmen der Pflanzen wird zum Beispiel durch ihre genaue Beschreibung am Anfang eines jeden Pflanzenporträts zusammen mit einer wissenschaftlich exakten Zeichnung auf der gegenüberliegenden Seite vereinfacht. Diese Zeichnungen stammen alle von Käthe Rehbinder. Damit diese Pflanzenporträts nicht nur mit botanischer oder pharmazeutischer Vorbildung verstanden werden, gibt es möglichst viele Erklärungen. Zum Beispiel sollen Sie nicht rätseln müssen, ob es sich bei der Angabe des Inhaltsstoffes Inulin um einen Tippfehler handelt und es eigentlich Insulin heißen müsste. Hier finden Sie in Klammern die Ergänzung "ein der Stärke entsprechendes Kohlehydrat, für Diabetiker geeignet".

Bei der Auswahl und Formulierung der Rezepte haben wir uns ähnlich entschieden: Es sollten weder schwer erreichbare Zutaten verwandt werden, noch sollte auf die Ausstattung einer Profiküche bzw. eines Labors zurückgegriffen werden müssen. Schritt für Schritt erklären wir Ihnen, wie der Hefeteig für das Wildkräuterbrot gemacht wird oder wie man Holunderblüten für einen Tee trocknet.

WICHTIGE HINWEISE ZUM SAMMELN VON WILDKRÄUTERN:

• Sammeln Sie nur diejenigen Pflanzen, die Sie zweifelsfrei erkennen. Wenn Sie unsicher sind, besorgen Sie sich ein Bestimmungsbuch und beobachten Sie verschiedene Wachstumsstadien und vor allem die Blüte. Oder fragen Sie Pflanzenkundige. Oder besuchen Sie ein Kräuterseminar, das von vielen Volkshochschulen angeboten wird. Oder buchen Sie eine Wildkräuterwanderung mit den Siefersheimer Kräuterhexen (siehe Seite 119)!

- Sammeln Sie nur an ungedüngten und hygienisch einwandfreien Plätzen. Meiden Sie also Straßenränder, Bahndämme, befahrene Forstwege, Schutt- oder Müllplätze, Felder, die gerade gespritzt wurden, oder Hundespazierwege u.ä.m.
- Berücksichtigen Sie beim Sammeln den Arten- und Naturschutz. Ernten Sie also einen Standort nicht vollständig ab, sondern lassen Sie einige Pflanzen stehen, damit diese weiterhin blühen und sich aussäen können.
- Verwenden Sie Wildkräuter mit Bedacht. Viele von ihnen sind auch Heilpflanzen und als solche in der Lage, in den Stoffwechsel einzugreifen und je nach Gesundheitszustand oder in der Schwangerschaft unerwünschte Nebenwirkungen zu zeigen. Unsere Pflanzenporträts und Rezepte haben wir sorgfältig prüfen lassen, können aber dennoch keine Verantwortung oder Haftung für die Verwendung von Wildkräutern übernehmen!

Tipps für den Umgang mit Wildkräutern:
Wann sammelt man am besten?

Die beste Sammelzeit für jedes Wildkraut ist sehr unterschiedlich. Sie ist auch für die jeweiligen Pflanzenteile eines Wildkrauts unterschiedlich; zum Beispiel werden die Blätter des Löwenzahns noch vor der Blüte gesammelt, die Blütenköpfchen je nach Verwendungszweck und die Wurzeln sowohl im Frühjahr wie im Herbst. Diese Angaben finden Sie für jedes Wildkraut in seinem Pflanzenporträt.
Die beste Tageszeit ist der Vormittag, wenn der Tau abgetrocknet ist. Kräuter, die Sie frisch verwenden wollen, sollten möglichst kurz vor der Verarbeitung geschnitten werden. Am besten nehmen Sie zum Sammeln weite Körbe; in Stoffbeuteln können die Pflanzen leicht gequetscht werden und in Plastikbeuteln bildet sich zu schnell Feuchtigkeit.

Wie trocknet man Wildkräuter?

Wenn Sie Wildkräuter zum Trocknen sammeln, dann sollten Sie diese vor dem Trocknen nicht waschen, sonst schimmeln sie leicht. Die Pflanzenstängel werden zu Sträußen gebunden und in einem trockenen, luftigen, aber staubarmen Raum mit den Stielen nach oben zum Trocknen aufgehängt. Nach dem Trocknen werden die Blätter von den Stängeln gestreift und in saubere, gut schließende Gefäße wie zum Beispiel Gläser - am besten dunkle - oder Keramikdosen gefüllt. Plastikgefäße sind nicht geeignet. Blüten wie zum Beispiel Dostblüten werden auf Holzrahmen, die mit Stoff oder Fliegengitter bespannt sind, getrocknet. Alle Wildkräuter können Sie auch bei 35-50 Grad im Umluftherd trocknen.

Von Wurzeln wird die Erde locker abgeschüttelt, oder sie werden abgebürstet, dann - sofern es sich nicht um sehr feine Wurzeln handelt - der Länge nach halbiert oder in Scheiben geschnitten und im Umluftherd getrocknet. Durch das Trocknen sinkt der Wassergehalt der Pflanzen von 85 auf 15% und ihr Aroma wird intensiver, deshalb kann man sie sparsamer dosieren. Grundsätzlich jedoch sind frische Pflanzen vorzuziehen.

KANN MAN WILDKRÄUTER EINFRIEREN?

Oft ist es praktisch, im Winter auf tiefgefrorene Wildkräuter zurückzugreifen, aber die Kräuter sehen nach dem Auftauen meistens etwas matschig aus. Die besten Erfahrungen habe ich gemacht, als ich die gehackten Kräuter mit etwas kaltem Wasser in einen Eiswürfelbehälter füllte und sie dann sofort tiefgefroren haben. Die unaufgetauten Kräutereiswürfel gebe ich direkt in die heißen Gerichte.

VOM NUTZEN DES WILDKRÄUTER-SAMMELNS

Nach meinen Erfahrungen und Beobachtungen stehen beim Wildkräuter-Sammeln vier Aspekte im Vordergrund: Erstens macht es Spaß, im Wechsel der Jahreszeiten zu ernten. Gerade weil wir heute zu jeder Jahreszeit praktisch jede Obst- oder Gemüsesorte kaufen können, ist es sehr befriedigend, sich bei der „Ernte" von Wildkräutern an den Jahreszeiten orientieren zu müssen. Manchmal braucht man mehrere Anläufe, um den genauen Zeitpunkt für das Schneiden von Holunderblüten im Mai oder das der Holunderbeeren im September herauszufinden.

Zweitens ist es sehr befriedigend, sich auf eine Küche der Selbstversorgung einzulassen. Man taut keinen tief gefrorenen Spinat auf, sondern sammelt vormittags die Brennnesseln, die mittags als Spinat auf den Tisch kommen. Durch das Kochen mit einheimischen Wildkräutern fühlt man sich sogar ein bisschen autark. Das Gleiche gilt für ein

Schönheitsbad mit selbst gesammelten Dostblüten oder für das Einnehmen von Wegerichsirup bei Husten.

Drittens hat das Hinausgehen in die Natur und das Sammeln von Wildkräutern etwas sehr Meditatives; allein mit der Tätigkeit des Sammelns tut man sich Gutes.

Und viertens ist das Erkennen, Sammeln und Verwenden von Wildkräutern etwas sehr Kreatives: Man lässt sich damit bewusst auf Neues ein, sensibilisiert den Geschmack und kann beim Ausprobieren der Rezepte immer wieder experimentieren und variieren: mehr Schafgarbe oder lieber mehr Vogelmiere?

ÜBER DIE SIEFERSHEIMER KRÄUTERHEXEN

Die drei wurden alle von der Staatlichen Lehr- und Versuchsanstalt in Oppenheim ausgebildet. Christine Moebus war die Erste, die diese Ausbildung 1997/98 absolvierte; Karin Mannsdörfer und Christine Werner zogen 2000/2001 nach. Äußerer Anlass für Christine Moebus war 1998 die Ausweisung des Siefersheimer Kräuterwegs. Gemeinsam ist allen dreien, dass sie sich schon immer für Kräuter interessiert haben und gerne beim Kochen experimentieren. Mittlerweile können sie sich ein Leben ohne Wildkräuter gar nicht mehr vorstellen: weder ohne das Kochen mit Wildkräutern noch ohne die von ihnen geführten Wildkräuterwanderungen noch ohne ihre Freundschaft, die sie letztlich auch den Wildkräutern verdanken!

Angelika Schulz-Parthu

Beifuß

BEIFUSS (ARTEMISIA VULGARIS)

Familie der Korbblütler (Compositae oder Asteraceae)

VOLKSNAMEN: Besenkraut, Gürtlerkraut, Mugwurz, Schosswurz, Sonnenwendgürtel.

BESCHREIBUNG: 90-150 cm hohe Pflanze. Der Stängel ist ästig, oft rot überlaufen. Die Blätter sind ähnlich der Gartenaster, ihre Unterseite ist weißfilzig. Die Köpfchen mit den unscheinbaren, grünlich-weißlichen Blüten stehen in rispigen Blütenständen. Nahe Verwandte des Gewöhnlichen Beifußes sind Wermut (Artemisia absinthium) mit beiderseits weißfilzigen und Estragon (Artemisia dracunculus) mit kahlen, fast ungeteilten Blättern.

STANDORT: Ödland, Ufer, Wiesen, Wege.

INHALTSSTOFFE: Bitterstoffe, Cineol, Thujon.

SAMMELZEIT: Die blühenden Spitzen im Juli/August.

Der Beifuß ist heute praktisch nur noch als Gänsebratengewürz bekannt. Dabei ist der Beifuß in seinem ganzen riesigen Verbreitungsgebiet von altersher ein Symbol für die Abwehr alles Bösen. Beim Tanz um das Johannisfeuer beispielsweise wurde der Beifuß als Sonnwendgürtel getragen und anschließend ins Feuer als dem reinigenden Element geworfen, damit man von allem Unheil und aller Krankheit befreit werde. Die Römern wiederum glaubten, dass der Beifuß, am Fuß getragen, die Unversehrtheit und Ausdauer eines Reisenden gewährleisten könne. Man hat darauf auch den deutschen Namen bezogen, doch bedeutet dieser eher „zerstoßene Beigabe" und nimmt auf die Verwendung als Gewürz Bezug.

In dem sogenannten „Neunkräuterzauber", einem angelsächsischen Zaubersegen, der im 11. Jahrhundert aufge-

schrieben wurde, steht er als „mucgwyrt" an erster Stelle
und es heißt dort:

> „Erinnere du dich, Beifuß, was du verkündest,
> Was du anordnest in feierlicher Kundgebung,
> Una heißt du als ältestes der Kräuter;
> Du hast Macht gegen drei und gegen dreißig,
> Du hast Macht gegen Gift und gegen Ansteckung,
> Du hast Macht gegen das Übel, das über das Land
> hinfährt."

Das ätherische Öl Thujon im Beifuß macht ihn zu einem
Mittel mit wurmtötenden, toxischen, psychedelischen
(euphorischen, tranceähnlichen), abortiven, narkotischen
und antidotischen (als Gegengift) Wirkungen. In der
Volksmedizin wird er in dieser Verwendung schon lange
eingesetzt, nämlich bei Appetitmangel, bei Magen- und
Darmkrämpfen, zur Förderung der normalen Monatsblu-
tung, bei epilepsieartigen Verkrampfungen und bei Schlaf-
problemen. Schwangere sollten den Beifuß wegen seiner
abtreibenden Wirkung jedoch nicht verwenden.
Ethnobotaniker gehen sogar davon aus, dass die Frauen der
Cheyenne-Indianer mit ihm eine Art Geburtenregelung
betrieben.

*Die Verwendungsmöglichkeiten des Beifußes stellen wir
Ihnen auf den folgenden Seiten mit Rezepten für eine
kombinierte Beifuß-Tee- und Fußbadkur, für eine Martinsgans und für einen Beifuß-Aperitif vor.*

Kombinierte Beifuss-tee- und Fussbad-Kur

Für den Tee 1 gehäuften Teelöffel getrocknetes Beifußkraut mit 200 ml kochendem Wasser übergießen, 10 Minuten ziehen lassen, abseihen und trinken.
Gleichzeitig werden die Füße in warmem Beifußaufguss gebadet. Dafür 2-3 Hände voll getrocknetes oder frisches Beifußkraut in 10 l kaltem Wasser über Nacht ansetzen, am nächsten Tag den Ansatz ca. 5 Minuten im geschlossenen Topf kochen und auf Badetemperatur abkühlen lassen.

Die Kur hilft bei Unterleibsschmerzen und Problemen mit der Menstruation.
Der Tee allein getrunken wirkt vor dem Essen appetitanregend, danach verdauungsfördernd.

Vorsicht: Beifuß darf während der Schwangerschaft nicht angewendet werden, er wirkt abtreibend!

Gefüllt mit in Calvados marinierten Äpfeln und reichlich mit Beifuß gewürzt wird die „Beschwipste Martinsgans".

Beschwipste Martins-Gans *

1 küchenfertige Gans (etwa 3,5 kg)
3-4 Äpfel
4 EL Calvados
4 Zweige Beifuß
Salz, Pfeffer
Soßenbinder
Dekoration: 1 Apfel, möglichst frische Beifußblätter

Die Äpfel waschen, erst vierteln und entkernen, dann in
Scheiben schneiden und mit dem Calvados beträufeln. Die
Blätter von den Beifußzweigen streifen und fein hacken.
Die Gans abspülen, trockentupfen und von innen und
außen mit Salz, Pfeffer und ca. einem Viertel der gehackten
Kräuter einreiben. Die Calvados-Äpfel mit dem restlichen
Beifuß in das Innere der Gans geben und die Öffnung
zunähen. Die Fettpfanne mit 1 l Wasser füllen und den
Backofen vorheizen. Die Gans mit dem Rücken nach oben
auf einem Rost über der Fettpfanne in den Ofen schieben
und bei 250 Grad, Umluft 220 Grad, Gas Stufe 5 etwa 20
Minuten braten. Die Hitze dann auf 175 Grad, Umluft 150
Grad, Gas Stufe 3 reduzieren und die Gans eine weitere
Stunde braten. Danach die Hitze auf 200 Grad, Umluft 170
Grad, Gas Stufe 3 erhöhen, die Gans umdrehen und eine
weitere Stunde braten.
Die Gans ab und zu mit den Bratensatz übergießen. 10
Minuten vor Beendigung der Bratzeit die Gans mit kaltem
Salzwasser bestreichen. Gleichzeitig die Fettpfanne heraus-
nehmen und den Bratensatz durch ein Sieb gießen. Entfet-
ten und in einem kleinen Topf aufkochen, mit Salz und
Pfeffer abschmecken und eventuell mit Soßenbinder
binden. Einen Apfel waschen, vierteln, entkernen und in

Spalten schneiden; die frischen Beifußblätter waschen und trockenschütteln.

Die Gans mit Apfelspalten und frischen Beifußblättern garnieren und mit der Soße servieren.

Tipp: Die Gans ist gar, wenn sich die Keulen mühelos vom Rumpf lösen.

* Gänsebraten gab es früher nur für reiche und mächtige Leute, denn Gänse gehörten zu den Zinsabgaben der Bauern an ihre weltlichen und geistlichen Herren, die immer zum 11.11., dem Martinstag, fällig wurden. So kam auch die Martinsgans zu ihrem Namen. Der 11.11. ist heute in der Landwirtschaft immer noch als Pachttermin erhalten.

Unser Beifuß-Aperitif wirkt verdauungsfördernd und appetitanregend.

BEIFUSS-APERITIF

2 trockene Beifußzweige mit Blütenständen

0,7 l Südwein (süßer Sherry, Samos, Malaga o. ä.)

Die ganzen Beifußzweige in einem genügend großen Glasgefäß mit dem Südwein übergießen. Die Flasche 2-3 Tage auf einer sonnigen Fensterbank stehen lassen, täglich umschwenken. Danach den Beifuß-Südwein filtrieren und kühl lagern.

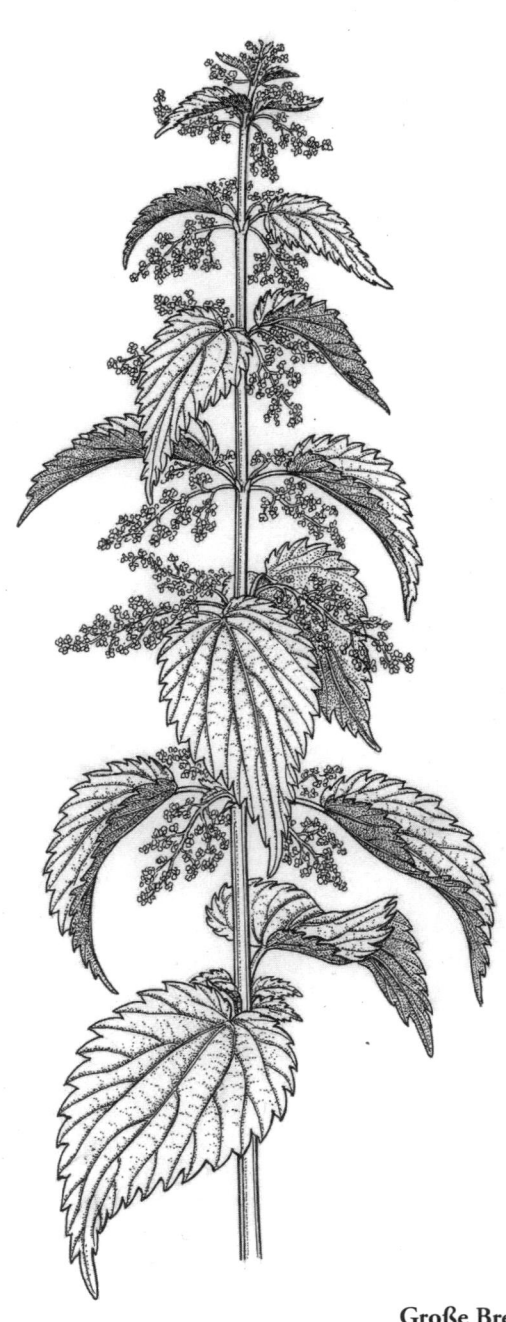

Große Brennessel

GROSSE BRENNNESSEL (URTICA DIOICA)
Familie der Nesselgewächse (Urticaceae)

VOLKSNAMEN: Brennkraut, Donnerwurzel, Hanfnessel, Saunessel, Eselskraut.

BESCHREIBUNG: Ausdauernde Staude von 30-150 cm Höhe. Zweihäusige Pflanze, Blätter gegenständig, ei- bis herzförmig, grob gezähnt. Die ganze Pflanze trägt Brennhaare. Auch die Kleine Brennnessel (Urtica urens) kann gesammelt werden: Sie ist einjährig, nur 10-40 cm hoch, die Blätter sind meist eiförmig. Die Pflanze ist einhäusig und wächst auf Äckern und in Gärten. Sie lässt sich ebenfalls als Wildgemüse und gegen Rheumatismus verwenden.

STANDORT: Wegränder, Schuttplätze, auf stickstoffreichen Böden, überall dort, wo Menschen sind.

INHALTSSTOFFE: Kieselsäure, Vitamin C, Mineralsalze; in den Brennhaaren unter anderem hautreizende Stoffe wie Histamin, Acetylcholin, Ameisensäure.

SAMMELZEIT: Im Mai und Juni die hellgrünen Blätter, im Frühjahr oder Herbst die Wurzeln und im September und Oktober die Samen.

Der lateinische Gattungsname Urtica bedeutet „die Brennende". Wenn der Brennnessel im Volksglauben die Kraft zugewiesen wurde, bösen Zauber fern zu halten, dann hatte das mit ihrer Brennwirkung zu tun. Denn sie schien der Sitz eines Dämons zu sein, weil sie brannte, ohne dass man auf den ersten Blick sehen konnte, weshalb. Das liegt an den farblosen Brennhaaren, die bei der geringsten Berührung abbrechen. Ihre verkieselte Spitze verursacht eine kleine Stichwunde, in die der schmerzhafte Saft spritzt. Die Volksmedizin benutzte diese Brennfähigkeit der Brennnessel bei Rheuma und Gicht, indem die Haut mit frischen Brennnesseln gepeitscht wurde. Dadurch wird die Haut gereizt, besser durchblutet, der Schmerz wird gelindert. Brennnesseltee (Rezept s. Seite 28) wirkt harntreibend, blutreinigend und anregend auf den gesamten Stoffwechsel.

Der Geschmack der Brennnessel wird als kräftig-krautig, als zartbitter und herb beschrieben. In der Küche werden die jungen hellgrünen Blätter als Spinat, Suppe oder Salat zubereitet.

Ein besonders wertvoller Bestandteil der Brennnessel ist der Samen. Er enthält Mineralien, Vitamine und Pflanzenhormone, stärkt die Abwehrkräfte und hilft bei chronischer Müdigkeit und Leistungsschwäche. Ein netter Nebeneffekt des Brennnesselsamens ist, dass er eine schöne Haut macht. Früher gaben clevere Pferdehändler ihren schlecht aussehenden Tieren Brennnesselsamen zu fressen, damit ihr Fell stärker glänzte.

In der Haarpflege wird die Brennnessel ebenfalls verwendet. Sie stärkt und durchblutet den Haarboden, kräftigt die Haare und verhindert Haarausfall.

Leider zählt die Brennnessel zu den stickstoffliebenden Pflanzen. Den überschüssigen Stickstoff verwandelt sie in Nitrat und deponiert ihn als Vorrat in ihren Blättern. Deshalb sollten wirklich nur die ganz jungen Blätter gesammelt werden.

Die Verwendungsmöglichkeiten der Großen Brennessel stellen wir Ihnen auf den folgenden Seiten mit Rezepten für eine Brennnesselsuppe, Brennnessel-Blattspinat, Brennnessel-Tee und Brennnessel-Haarwasser vor. Weitere Rezepte mit der Großen Brennessel finden Sie auf Seite 41 (Schrotküchlein), 43 (Haferflockensuppe), 66 (Grüne Sauce) und 108 (Béchamelsauce).

Die Brennnessel ist zum Geheimtipp unter Feinschmeckern geworden. Am besten eignen sich die Blätter der jungen Brennnesselpflanzen im Frühjahr. Wir können die Brennnessel aber auch bis weit in das Spätjahr hinein verwenden, wir sammeln dann nur noch die oberen, hellgrünen Triebspitzen. Handschuhe bei der Ernte nicht vergessen! Wie Spinat fallen die Brennnesseln beim Kochen stark zusammen. Vor dem Verarbeiten die Blätter von den Stängeln zupfen und waschen.

Keine Angst! Brennnesselblätter verlieren ihre „brennen-den" Eigenschaften durch das Erhitzen.

BRENNNESSELSUPPE

4 Hände voll Brennnesselblätter
1 EL Mehl
1 EL Butter
1/4 l Milch
1 Knoblauchzehe
Muskat, Salz, Pfeffer
1 TL Zitronensaft
1 TL geriebenen Käse

Die gewaschenen Brennnesselblätter in ca. 3/4 l kochendem Wasser blanchieren. Die Masse zusammen mit dem Wasser mit dem Schneidstab pürieren. Die Butter schmelzen, das Mehl darin anschwitzen und mit der Milch unter ständigem Rühren ablöschen, das Brennnesselmus unterrühren und noch einmal aufkochen. Mit den Gewürzen abschmecken und mit geriebenem Käse bestreut servieren.

Klassischerweise wird der Brennnesselblattspinat - genau wie der „normale" Spinat - mit Salzkartoffeln und einem Spiegelei serviert.

BRENNNESSEL-BLATTSPINAT

800 g Brennnesselblätter
3 EL Butter
2 Zwiebeln, gewürfelt
1 Knoblauchzehe
Salz, Pfeffer, Muskat

Die gewaschenen Brennnesselblätter in wenig Wasser kurz blanchieren. Die Butter zerlassen, die Zwiebelwürfel und die durchgepresste Knoblauchzehe darin andünsten und die blanchierten Brennnesselblätter zufügen. Mit Salz, Pfeffer und Muskatnuss abschmecken.

BRENNNESSELTEE

1 gehäuften EL getrocknete Brennnesselblätter mit 1/4 l
kochendem Wasser übergießen und 10 Minuten ziehen
lassen, dann abseihen.
Von dem Tee morgens und abends über einen Zeitraum von
4 bis 8 Wochen je eine Tasse trinken.

*HEXENTIPP: Wir Siefersheimer Kräuterhexen sind der Mei-
nung, dass Frühjahrsmüdigkeit, Allergien und allgemeines
Unwohlsein durch eine reinigende Brennnesselteekur
gelindert, vielleicht sogar behoben werden können.*

*Brennnesselsamen stärken das Immunsystem und helfen
bei Müdigkeit und Leistungsschwäche.*

BRENNNESSELSAMEN

Brennnesselsamen werden im Herbst gesammelt und
getrocknet; man kann sie bis zur nächsten Ernte aufheben.
Man isst 1-2 Teelöffel am Tag im Müsli, über den Salat
gestreut oder auf dem Butterbrot.

Brennnesselhaarwasser pflegt den Haarboden.

BRENNNESSELHAARWASSER

20 g frische Brennnesselblätter

200 ml Alkohol (70%ig)

20 ml Alkohol (96%ig)

80 ml destilliertes Wasser

Zuerst bereitet man eine Tinktur: Die Brennnesselblätter werden im Mörser zerrieben und mit dem 70%igem Alkohol übergossen. Diesen Ansatz füllt man in ein verschließbares Gefäß und lässt ihn 5 Tage bei Zimmertemperatur ziehen; das Gefäß mehrmals täglich schütteln. Am 6. Tag wird der Ansatz abgeseiht und durch ein Filterpapier geklärt.

Für das Haarwasser benötigt man 20 ml dieser Brennnesseltinktur, 80 ml destilliertes Wasser und 20 ml 96%igen Alkohol. Tinktur, Alkohol und Wasser in eine Flasche geben und schütteln.

Dieses Haarwasser soll morgens und abends in die Kopfhaut einmassiert werden.

Dost

Dost (Origanum vulgare)

Familie der Lippenblütler (Labiatae oder Lamiaceae)

Volksnamen: Wilder Majoran, Oregano, Wohlgemut.
Beschreibung: Mehrjährige 30-60 cm große Pflanze. Die Blätter sind kreuzgegenständig, eiförmig, spitz; die Blütenstände rispig-trugdoldig.
Standort: Auf trockenem, kalkhaltigem Untergrund, in Gebüschen, an Waldrändern und Wegrainen.
Inhaltsstoffe: Gerbstoffe, ätherische Öle wie z.B. Thymol und Karvakrol.
Sammelzeit: Die blühenden Sprossspitzen von Juni bis August.

Wer den Dost riecht, denkt sofort an die italienische Küche, an aromatische Tomatensaucen oder an Pizza. Denn das italienische Gewürz Oregano ist nichts anderes als eine aromatische Spielart unseres einheimischen Dostes.
Dost wird wegen dieser ätherischen Öle, aber auch wegen seiner Gerb- und Bitterstoffe bei Erkrankungen im Magen- und Darmkanal angewandt; außerdem ist er wegen seiner schleimlösenden Wirkung ein häufiger Bestandteil von Hustentees. Für einen Magen- oder Hustentee nimmt man einen gehäuften Esslöffel Dostkraut, der mit 1/4 Liter kochendem Wasser übergossen wird, lässt ihn 20 Minuten ziehen und gießt ihn dann ab.
In der Küche wird Dost hauptsächlich als Gewürz gebraucht.
Seinen starken ätherischen Ölen verdankt der Dost wohl auch seinen Ruf als Pflanze, die bösen Zauber abwehren kann. In zahlreichen Sagen bewahrt der Dost, oft zusammen mit Dorant, einer anderen zauberabwehrenden Pflanze, einen Menschen, meist eine Wöchnerin, vor einem

bösen Geist, so dass dieser voller Zorn ausruft: „Hättest du nicht Dorant und Dosten, tät's dich dein Leben kosten!"

Die Verwendungsmöglichkeiten des Dosts stellen wir Ihnen auf den folgenden Seiten mit Rezepten für Insalata Caprese nach Art der Siefersheimer Kräuterhexen, Dostbällchen, Dostwein und ein Dost-Schönheitsbad vor.

Vielleicht versuchen Sie auch einmal das Basilikum im „Insalata Caprese" durch Dostblättchen zu ersetzen - ein ganz neues Geschmackserlebnis!

INSALATA CAPRESE NACH ART DER SIEFERSHEIMER KRÄUTER-HEXEN

4 vollreife Tomaten
200 g Mozzarella
Olivenöl
Salz, Pfeffer
frische Dostblättchen

Die gewaschenen Tomaten und der Mozzarella werden in Scheiben geschnitten, auf vier Teller verteilt, mit Salz und Pfeffer gewürzt, mit Olivenöl beträufelt und mit den Dostblättchen bestreut.

*Links mit, rechts ohne Fleisch: Dostbällchen und
Schrotküchlein mit Aioli (Rezept S. 41) auf einem prächtig
mit Vogelmiere dekorierten Teller.*

DOSTBÄLLCHEN

500 g Mett
2 Eier
1 Brötchen, in Wasser eingeweicht und ausgedrückt
1 EL getrockneter Dost oder 2 EL frische Dostblättchen
Haferflocken zum Binden
Semmelbrösel, Öl, Salz und Pfeffer

Das Mett mit den Eiern, dem Brötchen und dem Dost
mischen und mit Salz und Pfeffer würzen; eventuell mit
Haferflocken binden. 15 Minuten durchziehen lassen. Mit
einem Eisportionierer Bällchen formen, in Semmelbröseln
wälzen und in heißem Öl braten.

Die natürlichen Eigenschaften des Dosts wirken regulierend auf den Verdauungsprozess. Aus diesem Grund setzen wir vor großen Festen im Sommer diesen ebenso heilsamen wie leckeren Dostwein an und reichen ihn gerne als Aperitif. Der Weißwein nimmt dabei das leuchtende Rot der Dostblüte an.

DOSTWEIN

125 g frische blühende Sprossspitzen vom Dost
1 l milder Weißwein

Den gewaschenen Dost in die Flasche mit dem Wein geben und gut verschließen. Nach 5 Tagen abseihen. Kühl lagern und innerhalb von 14 Tagen verbrauchen.

DOST-SCHÖNHEITSBAD

Eine Hand voll getrockneter Dostblüten mit einem Liter kochendem Wasser übergießen, 10 Minuten ziehen lassen, abseihen. Dieser so gewonnene Infus wird dem Badewasser zugegeben. Das wirkt stimulierend, reinigend und desodorierend.

Tipp: Bei trockener Haut gibt man einen Schuss Jojoba-Öl ins Badewasser.

Weißer Gänsefuß

WEISSER GÄNSEFUSS (CHENOPODIUM ALBUM)

Familie der Gänsefußgewächse (Chenopodiaceae)

VOLKSNAMEN: Wilder Spinat, Schissmell, Mehlkraut.

BESCHREIBUNG: Einjährige, sehr unterschiedlich hohe Pflanze (10 cm bis 2 m), Stängel aufrecht oder aufsteigend und flach gekantet. Die Blätter sind eiförmig oder spitz lanzettlich, 1,5 -10 cm breit und 2-12 cm lang, grob und unterschiedlich gezähnt bis gelappt. Die Pflanze ist meist mehr oder weniger mehlig bestäubt. Die Blütenknäuel sind klein und grünlich und stehen in rispigen Blütenständen; die Blütezeit dauert von Juli bis September.
Die Verwechslung mit anderen Gänsefußarten ist unbedeutend, weil diese ebenfalls essbar sind. Mit einer Ausnahme: Der sehr seltene „Stinkende Gänsefuß" (lat. Chenopodium vulvaria) ist ungenießbar, glücklicherweise aber auch leicht zu erkennen, denn er riecht intensiv und widerlich nach Hering.

STANDORT: Auf Schuttplätzen, Äckern, Brachland, an Wegen und Zäunen und in Gärten; sehr oft in Massen.

INHALTSSTOFFE: Vitamin C und Mineralstoffe.

SAMMELZEIT: Die Blätter und die zarten Stiele vom Frühjahr bis zum ersten Herbstfrost.

Wegen seiner Häufigkeit und Vielseitigkeit zählt der Weiße Gänsefuß zu den wichtigsten Wildgemüsepflanzen. Verwandt ist er ist mit einem uralten Gemüse, der Melde. Die Samen des Gänsefußes - die Produktion einer Pflanze übertrifft leicht 10 000 Stück - wurden früher gemahlen und in Notzeiten dem Brotteig beigemischt, denn immerhin enthalten sie bis zu 40 % Stärke, bis zu 13 % Eiweiß und bis zu 4 % Öl. Die verdauungsfördernde Wirkung des

Gänsefußsamens hat der Pflanze im Volksmund den Namen „Schissmell" eingebracht.

Gartenbesitzerinnen und -besitzer kennen den Weißen Gänsefuß sicherlich eher als äußerst lästiges „Unkraut". Wenn Sie ihn einmal als Spinat gegessen haben, sehen Sie ihn wahrscheinlich mit ganz anderen Augen!

Die Verwendungsmöglichkeiten des Weißen Gänsefußes stellen wir Ihnen auf den folgenden Seiten mit Rezepten für Schrotküchlein mit Aioli und für eine Haferflockensuppe vor. Weitere Rezepte mit Weißem Gänsefuß finden Sie auf den Seiten 66 (Grüne Sauce) und 109 (Béchamelsauce).

200 g Dinkel, fein geschrotet
200-250 ml Gemüsebrühe
2-3 Schalotten
6 EL Öl
2 Eier
4 Hände voll frischer Weißer Gänsefuß (oder Vogelmiere, Löwenzahn, Schafgarbe, Brennnessel)
2 EL Sonnenblumenkerne
2 EL geriebener Käse (z. B. Gouda)
Muskatnuss, Salz, Pfeffer
Haferflocken zum Binden

Den Dinkelschrot in der warmen Gemüsebrühe ca. 1/2
Stunde ausquellen lassen; die Brühe sollte vollständig
aufgenommen sein. In der Zwischenzeit den Weißen
Gänsefuß waschen und klein schneiden, die Schalotten
fein würfeln. Die Schalotten in einer Pfanne mit 2 EL Öl
andünsten, den Weißen Gänsefuß dazugegeben und ca. 5
Minuten weiterdünsten. Den gequollenen Dinkelschrot
mit den Eiern, den Sonnenblumenkernen, dem geriebenen Käse und der Schalotten-Gänsefuß-Mischung gut
verrühren und mit Muskatnuss, Salz und Pfeffer abschmecken. Die Masse, falls nötig, mit Haferflocken
binden. Mit den Händen gleich große Küchlein formen
und sie in dem restlichen heißen Öl von beiden Seiten je
ca. 5 Minuten braten.

AIOLI (KNOBLAUCHMAYONNAISE)

3 Knoblauchzehen
1 Ei
1 TL Senf
Salz, Pfeffer
1/4 l Olivenöl
1 TL Zitronensaft
(Ei und Öl sollten Zimmertemperatur haben)

Knoblauchzehen schälen und zerdrücken, Ei, Senf, Salz und Pfeffer hinzugeben und verrühren. Zum Schluss wird unter ständigem Rühren das Öl hinzugegeben und solange weitergerührt, bis die Masse cremig ist.

HEXENTIPP: Dinkel macht gute Laune! Dies ist zurückzuführen auf den Gehalt an L-Tryptophan, das im Dinkel in natürlicher Form vorhanden ist und als Stimmungsaufheller wirkt.

Diese Suppe geht superschnell und ist bei unseren Kindern heiß begehrt!

Haferflockensuppe mit traditionellen Mehlklösschen

4 EL Haferflocken

100 g Butter

1 l Gemüsebrühe

1 EL Tomatenmark

Salz, Pfeffer

1 Ei

2 EL gehackter Kleiner Wiesenknopf (ersatzweise Schafgarbe)

1 Hand voll Weißer Gänsefuß (ersatzweise Brennessel)

ca. 5 EL Mehl

Salz, Pfeffer, Muskatnuss

Die Haferflocken werden in der Hälfte der Butter goldgelb angeröstet und mit der Gemüsebrühe abgelöscht. Das Tomatenmark einrühren und mit Salz und Pfeffer abschmecken. Nach kurzem Aufkochen lassen wir die Suppe auf kleinster Stufe auf dem Herd.

In einer feuerfesten Schüssel oder in einem kleinen Topf die restliche Butter für die Mehlklößchen schmelzen, den Behälter vom Herd nehmen und die Gewürze, das Ei und den gehackten Kleinen Wiesenknopf dazugeben und die Klößchen mit Mehl abbinden. Mit zwei nassen Teelöffeln kleine Nocken abstechen und in die Suppe setzen. Nach ca. 5 Min, wenn die Klößchen obenauf schwimmen, den Gänsefuß dazugeben, kurz aufkochen und sofort servieren.

Tipp: Die Mehlklößchen passen auch sehr gut in Gemüsesuppen.

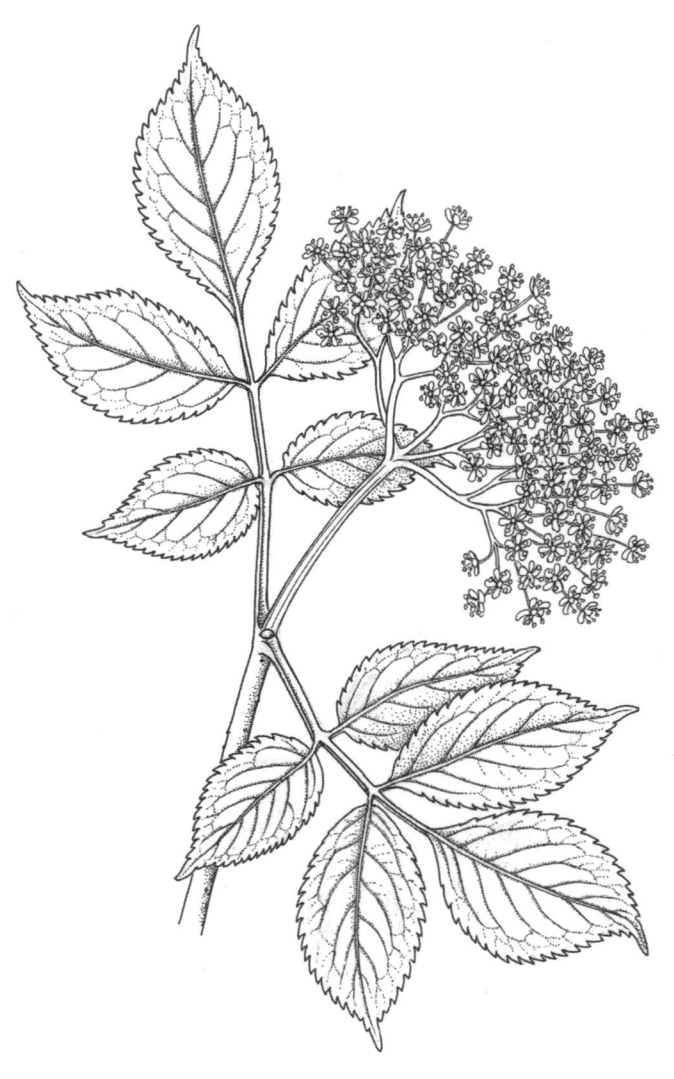

Schwarzer Holunder

SCHWARZER HOLUNDER (SAMBUCUS NIGRA)

Familie der Geißblattgewächse (Caprifoliaceae)

VOLKSNAMEN: Holler, Holder, Schwitztee, Frau Holle.

BESCHREIBUNG: Der Holunder ist ein ästiger Strauch, der 3 bis 7 m hoch wird. Die Äste mit charakteristischem weißen Mark sind gegenständig angeordnet; die Blätter unpaarig gefiedert und riechen beim Zerreiben unangenehm. Die Blüten sind gelblichweiß und stehen in flach-doldigen Blütenständen. Im Spätsommer reifen schwarzviolette kleine Steinfrüchte ("Beeren").

STANDORT: An Wald- und Wegrändern, in Gärten.

INHALTSSTOFFE: In den Blüten: ätherische Öle, Flavonoide, Rutin, Gerbstoffe; in den "Beeren": Flavonglykoside, Sambucin, ätherische Öle, Fruchtsäuren, Vitamin C.

SAMMELZEIT: Für die Blüten von Mai bis Juli, für die Früchte von August bis Oktober.

Der Holunder ist in der Volksmedizin eine der beliebtesten und vielseitigsten Heilpflanzen und wird tatsächlich schon seit der Steinzeit verwendet: Man nutzte ihn geradezu als lebende Hausapotheke. Auch deshalb gehörte der Holunderbusch früher zu jedem Bauernhof und stand meistens neben den Stallungen oder dem Wohnhaus. Man glaubte, dass die beschützenden Hausgeister darin wohnten.

Weil abgeschlagene Holunderbüsche so schnell wieder austreiben, wurde der Holunder zu einem Symbol der Wiedergeburt. In Norddeutschland war es früher zum Beispiel üblich, dass der Kutscher eines Leichenwagens statt einer Peitsche einen Holunderstecken in der Hand hatte. Dieses Symbol der Wiedergeburt nutzte man auch ganz praktisch: In Kriegszeiten vergrub man Wertsachen wie Schmuck und Gold unter einem Holunderbusch und hackte dessen oberirdische Teile anschließend ab. Bei der Rückkehr von der Flucht hatte der Holunder wieder ausgetrieben und man wusste genau, wo man zu suchen hatte.

Die Holunderblüten haben schweißtreibende Wirkung und werden bei Erkältungskrankheiten als Tee getrunken, außerdem wirken sie harntreibend und bei Hautunreinheiten als Blutreinigungsmittel. Daneben schmecken sie sehr gut: Man kann sie in Pfannkuchenteig ausbacken, aus ihnen Blütensirup, Sekt oder Marmelade herstellen. Aus den reifen, sehr vitaminreichen Beeren bereitet man einen Saft oder ein Mus gegen Husten und Erkältungskrankheiten. Achtung! Holunderbeeren dürfen nur ganz reif geerntet werden und müssen immer gekocht werden, weil sie in rohem Zustand ein Blausäureglykosid enthalten, das Brechreiz hervorrufen kann.

Die Verwendungsmöglichkeiten des Holunders stellen wir Ihnen auf den folgenden Seiten mit Rezepten für Holunderblütentee, Hollerküchlein, Holunderblütensirup, Holundersekt und Holunderschnaps vor. Ein weiteres Rezept mit Holunder finden Sie auf der Seite 98 (Taubnessel-Mousse auf Holundersirup).

Ein altmodisches, fast vergessenes Rezept sind die ausge-
backenen Holunderblüten. Dabei ist es ein einfaches und
preiswertes Rezept und ein wunderbarer Nachtisch im
Monat Mai!

HOLLERKÜCHLEIN

10 ganz aufgeblühte Holunderblütendolden
200 g Mehl
2 EL Öl
2 Eier
300 ml Bier
30 g Zucker
1 Prise Salz
Fett zum Ausbacken
Puderzucker

Die Blütendolden vorsichtig ausschütteln, damit möglicher-
weise vorhandene Insekten herausfallen. Für den Teig Mehl,
Öl, Eier, Bier, Zucker und Salz verrühren; den Teig 30 min
ausquellen lassen. Die Blütendolden in den Teig tauchen
und in heißem Fett ein bis zwei Minuten goldgelb ausbak-
ken und auf Küchenkrepp abtropfen lassen. Mit Puderzuk-
ker bestäuben und sofort servieren.

Holunderblütensirup gehört ebenfalls zu den fast vergesse-
nen jahreszeitlichen Genüssen. Man trinkt ihn aufgefüllt
mit trockenem Sekt als Aperitif oder aufgefüllt mit Mineral-
wasser als Limonade. Und das Aroma frischer Erdbeeren,
die man mit Holunderblütensirup mariniert, wird perfekt
ergänzt.

HOLUNDERBLÜTENSIRUP

12 große Holunderblütendolden
10 Scheiben von einer unbehandelten Zitrone
20 g Zitronensäure (aus der Apotheke)
2 kg Zucker
2 l Wasser

Das Wasser mit dem Zucker so lange kochen, bis sich der
Zucker aufgelöst hat, die Zitronensäure unterrühren. Die
Holunderblüten und die Zitronenscheiben in ein gut gerei-
nigtes großes Glasgefäß legen und mit dem Zuckersirup
übergießen; abkühlen lassen, das Gefäß verschließen und
an einem warmen Ort 5 Tage lang durchziehen lassen.
Zitronenscheiben und Holunderblüten mit einer Schaumkel-
le aus der Zuckerlösung heben, und den Sirup durch ein
feines Sieb gießen, in Flaschen füllen und kalt aufbewahren. - Ergibt ca. 3 1/2 Liter.

Getrocknete Holunderblüten werden als schweißtreiben-
des Mittel eingesetzt.

HOLUNDERBLÜTEN-TEE

Holunderblüten sammeln: Die ganzen Blütenstände
abschneiden und auf Darren (mit Stoff oder Fliegengitter
bespannten Holzrahmen) trocknen; dann die kleinen
Blüten abrebeln und eventuell nachtrocknen.

2 gehäufte Teelöffel getrocknete Holunderblüten mit 1/4 l
kochendem Wasser übergießen und 10 Minuten ziehen
lassen; danach abseihen.
Als Schwitzkur ca. 1/2 Liter so warm wie möglich trinken.

6 Dolden Holunderblüten

4 l Wasser

3 ungespritzte Zitronen

1/4 l Essig

600 g Zucker

6-7 leere, saubere Sektflaschen mit Kunststoffkorken, Blumendraht oder Agraffen (metallenen Verschlüsse aus dem Gartencenter)

Die ganzen Blütenstände ernten, waschen und trockenschwenken. In einen Topf Wasser, Essig und Zucker aufkochen, abkühlen lassen. Die Zitronen in Scheiben schneiden, mit den Holunderdolden in ein großes, sauberes Glasgefäß geben und mit der Flüssigkeit übergießen. Das Glas mit einem luftdurchlässigen, sauberen Stück Stoff zubinden und auf einer sonnigen Fensterbank 5-6 Tage stehen lassen, täglich umrühren. Vor dem Abfüllen die Flüssigkeit probieren, sie soll gut schmecken.

Die Flüssigkeit aus dem Glasgefäß durch ein Tuch in einen Krug filtrieren. Die Sektflaschen damit bis jeweils 3 Fingerbreit unter den Rand füllen, mit dem Sektkorken verschießen und diesen mit Blumendraht oder einer Agraffe sichern. Die Flaschen in den Keller bringen. Die nun einsetzende Flaschengärung dauert ca. 8-10 Tage. Danach kann der Holundersekt probiert werden; er hält jahrelang. Verwenden Sie bitte nur 600 g schwere, ausrangierte Sektflaschen und sichern Sie den Korken. Sonst besteht Explosionsgefahr! - Leider gelingt der Holundersekt nicht immer, er kann schimmeln, noch bevor er zu gären beginnt. Das kann mit feuchtem Wetter bei der Ernte zusammenhängen oder mit einem ungünstigen Standort für das Glasgefäß: Einfach im nächsten Jahr noch einmal probieren!

HOLUNDERSCHNAPS

2 l Holunderbeeren
2 l Wasser
1 kg Zucker
Saft von 1/2 Zitrone
1 1/2 Zimtstangen
3 Nelken
1 Vanilleschote
1/2 l Alkohol (98%ig)

Man bringt sämtliche Zutaten bis auf den Alkohol zum
Kochen, lässt das Ganze abkühlen, passiert es durch ein
Sieb und fügt den Alkohol hinzu. Man lässt den Schnaps
einige Wochen im Dunkeln durchziehen, ehe man ihn
„freigibt".

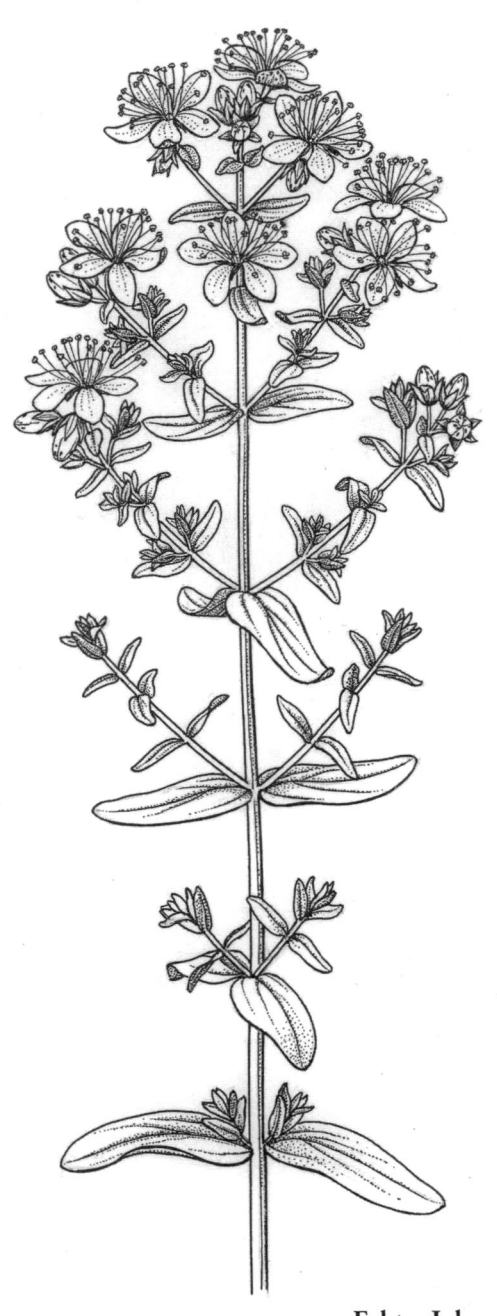

Echtes Johanniskraut

ECHTES JOHANNISKRAUT (HYPERICUM PERFORATUM)

Familie der Johanniskrautgewächse (Hypericaceae)

VOLKSNAMEN: Blutkraut, Wundkraut, Johannisblut, Jesu-wundenkraut, Hartheu.

BESCHREIBUNG: Mehrjährige aufrecht verzweigte Pflanze von 30-60 cm Höhe. Blätter dicht durchscheinend punktiert. Stängel mit zwei Längsleisten, 2-3 cm breite goldgelbe Blüten.

STANDORT: Trockene Rasen, Heiden, Wegränder.

INHALTSSTOFFE: Hypericin (Hypericumrot), Flavone, ätherische Öle, Gerbstoffe.

SAMMELZEIT: Die Blütenblätter von Juni bis September; am besten jedoch um den Johannistag, den 24. Juni herum, dann steht das Kraut in voller Blüte.

Das Echte Johanniskraut besitzt drei Merkmale, die das Erkennen erleichtern. Es hat erstens einen zweikantigen Stängel. Hält man zweitens die Blätter gegen das Licht, sehen sie aus, als seien sie durchlöchert; es handelt sich dabei um transparente Öldrüsen. Und drittens verfärben sich die gelben Blüten blutrot, wenn man an ihnen reibt. Dieser rote Saft der gelben Blüten wurde schon immer als Symbol gedeutet; mal wird es als das Blut Johannes' des Täufers betrachtet, mal als Blut Christi. Und eine Legende erzählt, dass die Blüten ursprünglich keinen roten Saft enthielten. Da traf aber eines Tages ein Jäger aus Versehen eine Elfe und verletzte sie. Beim Davonfliegen tropfte etwas von ihrem Blut auf das Johanniskraut, und seit diesem Tage färben sich die Blütenblätter rot, wenn man sie reibt.

In der Volksmedizin wird das Johanniskraut als Tee bei Durchfall, Bettnässen, Krampfadern, Magenverstimmung und Gicht gebraucht: Man übergießt zwei gehäufte Teelöffel Johanniskraut mit 1/4 Liter Wasser, bringt alles zum Kochen und seiht nach einigen Minuten ab. Man trinkt 2-3 mal täglich eine Tasse.

Am bekanntesten ist jedoch die Anwendung von Johanniskraut als pflanzliches Antidepressivum.

Aus den Blüten kann man ein wertvolles Rotöl herstellen, das äußerlich bei Verbrennungen, Rheuma, Hexenschuss und Muskelschmerzen angewendet wird. Nach der Anwendung von Johanniskrautpräparaten, egal ob innerlich oder äußerlich, sollte man die pralle Sonne, das Solarium oder die Höhensonne meiden, denn es wirkt photosensibilisierend, d.h. die behandelte Haut reagiert empfindlich auf Licht.

In der Küche wird das Johanniskraut weder als Gemüse noch als Gewürz verwandt.

Die Verwendungsmöglichkeiten des Johanniskrauts stellen wir Ihnen auf den folgenden Seiten mit Rezepten für ein Johanniskraut-Blütenöl und einen Johanniskrautbalsam vor.

Johanniskraut-Blütenöl

1 Tasse (150 ml) frische Johanniskrautblüten
1/2 l kaltgepreßtes Olivenöl

Die Johanniskrautblüten in ein verschließbares, durchsichtiges Glas geben und das Olivenöl darüber gießen. Das verschlossene Glas 6 Wochen lang in die Sonne stellen, bis der Inhalt eine leuchtend rote Farbe angenommen hat. Danach das Johanniskraut-Blütenöl abseihen, in eine dunkle Flasche füllen und kühl lagern.
Das Johanniskraut-Blütenöl wird äußerlich angewandt und hilft bei Muskelschmerzen und Verbrennungen.

Johanniskraut-Balsam

4 Teile Johanniskraut-Blütenöl
4 Teile Kokosfett
1 Teil Bienenwachs

Kokosfett und Bienenwachs im Wasserbad schmelzen. Die Mischung vom Wasserbad nehmen, das Johanniskraut-Blütenöl zufügen und unter Rühren gut einarbeiten. Den noch flüssigen Balsam in Salbentöpfchen füllen und nach dem Erstarren kühl lagern.

Achtung! Nach dem Gebrauch des Rotöls und des Balsams sollte die Sonne, das Solarium oder die Höhensonne gemieden werden, da es photosensibilisierend wirkt, d. h. die behandelte Haut reagiert empfindlich auf Licht.

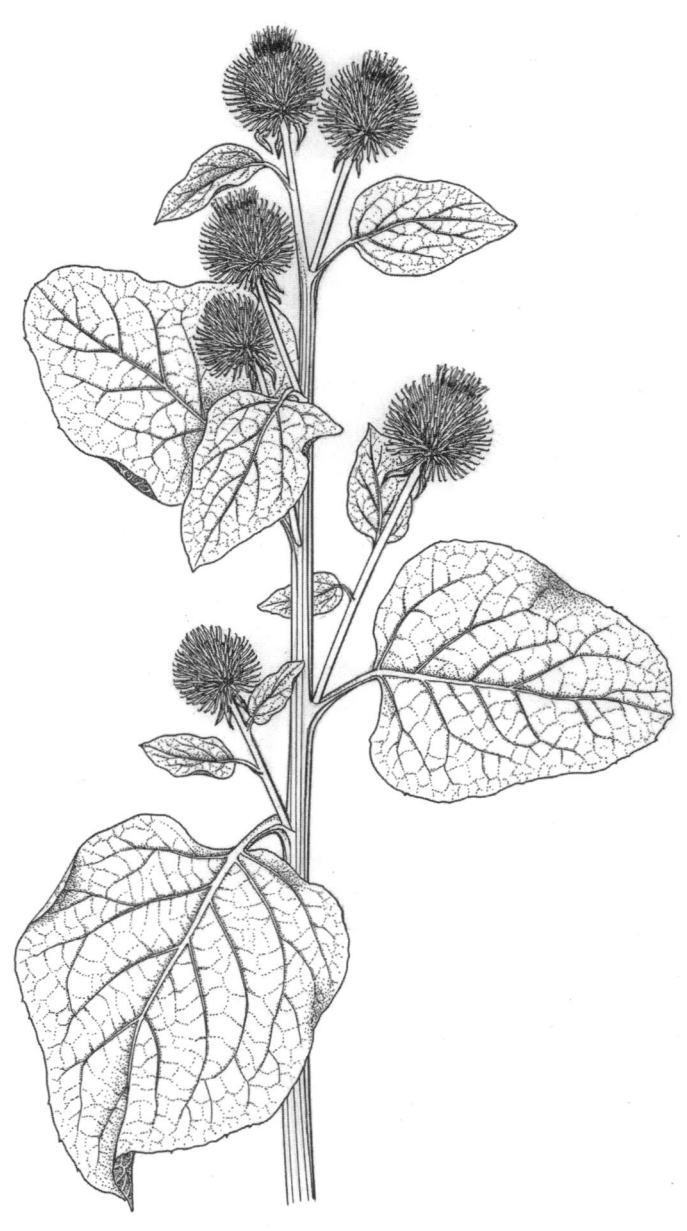

Große Klette

GROSSE KLETTE (ARCTIUM LAPPA)

Familie der Korbblütler (Compositae oder Asteraceae)

VOLKSNAMEN: Haarbolle, Kleber, Rattendistel, Ohmblätter.

BESCHREIBUNG: 80–150 cm hohe Pflanze mit dicker Wurzel. Die Blätter sind wechselständig, unten sehr groß, nach oben hin zunehmend kleiner. Die purpurroten Blüten-köpfchen sind kugelig und bis 3 cm groß.

STANDORT: An Wegrändern, auf Schuttplätzen.

INHALTSSTOFFE: Gerbstoffe, Bitterstoffe, Inulin, ein der Stärke verwandtes Kohlehydrat.

SAMMELZEIT: Die Blätter und Stängel im Frühjahr; die Wurzel im Frühjahr und Herbst.

Man erinnert sich noch an die eigene Kinderzeit: Wenn man beim Spielen der Klette zu nahe kam, blieben die stacheligen Klettenfrüchte überall an den Kleidern und vor allen Dingen in den Haaren hängen. - Dieses Prinzip der raffiniert konstruierten Widerhaken der Klette hat der Klettverschluss übernommen.

Die Große Klette wird innerlich bei Leber- und Gallen-beschwerden, als Blutreinigungsmittel und bei verschiede-nen Hautkrankheiten eingesetzt. Für einen Tee werden 2 gehäufte Teelöffel geschnittene Klettenwurzel mit 1/2 Liter kaltem Wasser übergossen, nach 5 Stunden zum Kochen gebracht und ca. 1 Minute am Kochen gehalten, dann abgeseiht; man trinkt 3 mal täglich eine Tasse. Mit dem kalten Tee werden Hautunreinheiten äußerlich behan-delt. Am bekanntesten ist die Verwendung der Klettenwur-zel als Haarwasser bei schuppiger Kopfhaut, in der Volks-medizin auch gegen Haarausfall.

In der Küche werden die jungen Stiele als Spargelersatz verwendet. Die Wurzel schmeckt leicht nach Artischocke und ist besonders für Diabetiker als Gemüse geeignet, da sie bis zu 50% Inulin enthält. Auch als Kaffeeersatz musste die Klettenwurzel neben der Wegwarten- und der Löwenzahnwurzel herhalten. Und in Notzeiten hat man sogar die Blätter als Tabakersatz geraucht.

Die Verwendungsmöglichkeiten der Großen Klette stellen wir Ihnen auf den folgenden Seiten mit Rezepten für ein Klettenwurzel-Haarwasser und für ein Klettengemüse vor.

KLETTENWURZEL-HAARWASSER

40 g zerquetschte Klettenwurzeln
25 g kleingeschnittene Brennnesselwurzeln
20 g Kamillenblüten
die Nadeln von 3 Rosmarinzweigen
300 ml Alkohol 70%ig
100 ml Rosenwasser

Die beiden Wurzelsorten und die Kräuter in ein Schraubglas füllen, ganz mit dem Alkohol bedeckt 4 Wochen ziehen lassen, abseihen und das Rosenwasser zufügen.

Ein ganz besonderes Gemüse: Die Stängel der Großen Klette werden wie Spargel gekocht und mit Schinken-Flädle und Weinschaumsauce serviert.

KLETTENGEMÜSE MIT FLÄDLE-SCHINKEN-SCHNECKEN UND WEINSCHAUMSAUCE

12-20 Klettenstängel
(können nur im Frühjahr bis ca. Mitte Mai geerntet
werden, solange sie zart und saftig sind)
je eine Prise Salz und Zucker, ein kleines Stück Butter
1/4 l Milch
200 g Mehl
Salz, Muskatnuss
3 Eier
Öl
4 Scheiben gekochter Schinken
2 Eigelb
175 ml trockener Weißwein
125 g Butter

Die Klettenstängel wie Rhabarber schälen und mit Salz,
Zucker und Butter - ähnlich wie Spargel – kochen, bis sie
bissfest oder weich sind; das dauert ca. 10-20 Minuten;
warm stellen. Aus Milch, Mehl, Salz, Muskatnuss und Eiern
einen Pfannkuchenteig rühren und ihn ca. 30 Min. ausquellen lassen; anschließend in heißem Öl zu 4 dünnen
Pfannkuchen (in Süddeutschland „Flädle" genannt) ausbacken. Jedes Flädle mit einer Schinkenscheibe belegen
und aufrollen. Die Rolle in Scheiben schneiden und diese
Schnecken ebenfalls warm stellen.
Die Eigelbe im heißen Wasserbad aufschlagen, Weißwein
langsam einrühren und so lange weiterschlagen, bis der
Schaum leicht dicklich wird, dann teelöffelweise die Butter
einrühren. Das Klettengemüse mit den Flädle-Schinken-
Schnecken und der Weinschaumsoße auf vorgewärmten
Tellern servieren.

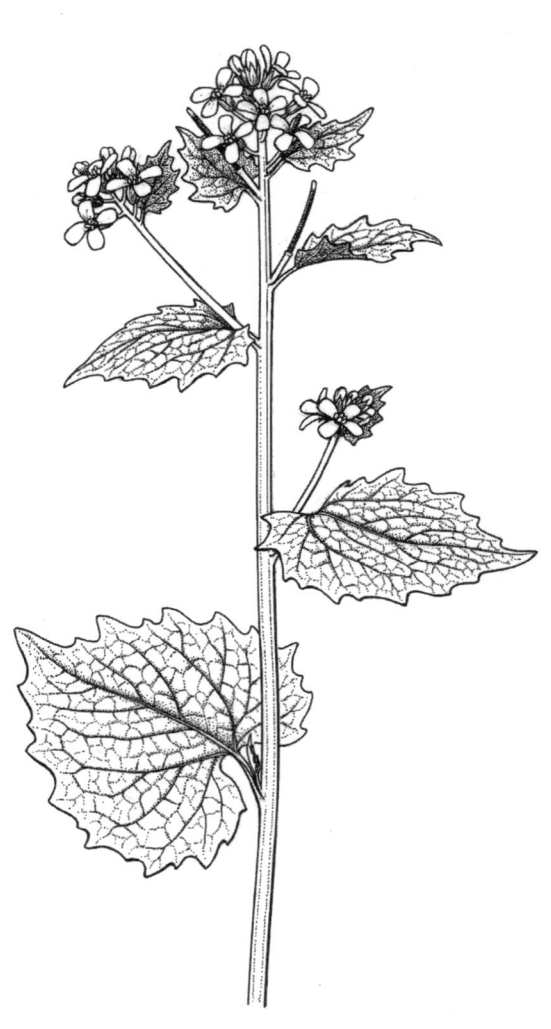

Knoblauchsrauke

KNOBLAUCHSRAUKE (ALLIARIA PETIOLATA)

Familie der Kreuzblütler (Cruciferae oder Brassicaceae)

VOLKSNAMEN: Lauchkraut, Knoblauchkraut, Lauchhederich.

BESCHREIBUNG: Der fast immer unverzweigte Stängel der einjährigen Pflanze wird bis zu 100 cm hoch und besitzt herzförmige Blätter, deren Rand stark gezähnt ist. Die grundständigen Blätter sind langstielig und nierenförmig rund, während die wechselständigen Stängelblätter kurzstielig sind. Die oberen Blätter haben überhaupt keinen Stiel und sind dreieckig. Aus den unscheinbaren weißen Blüten, die von Mai bis Juni blühen, entwickeln sich später vierkantige Schoten. Die Pflanze riecht beim Zerreiben nach Knoblauch.

STANDORT: Auf Schuttplätzen, in lichten Laubwäldern, an Waldrändern und Hecken.

INHALTSSTOFFE: Vitamin A, B_1, C, Senfölglykosid, ätherische Öle.

SAMMELZEIT: Die ganze Pflanze wird von Mai bis Juli gesammelt, wobei die Wurzel weggeschnitten wird. Sie wird in frischem Zustand verwendet, da sie durch das Trocknen ihre Wirkung und ihren Geschmack verliert. Die Samen können anstelle von Senfkörnern verwendet werden.

Die Knoblauchsrauke wird in der Pflanzenheilkunde vor allem bei Erkrankungen der oberen Atemwege verwendet. Sie wirkt als auswurfförderndes Mittel bei Husten und hilft bei Asthma.

Geruch und Geschmack der Knoblauchsrauke stammen von einem Senfölglykosid, das wie das Allicin des Knoblauchs antiseptisch, aber auch leicht harntreibend wirkt. Daher setzt man die Pflanze gerne zur allgemeinen Entschlackung ein.

Im Mittelalter hat die ärmere Bevölkerung die Knoblauchs-
rauke an Stelle von Salz in der Suppe verwendet und das
Kraut zu Fisch und Hammelbraten gegessen. Die frischen
Raukenblätter verfeinern außerdem Wildkräuterbutter,
Quark, Kartoffeln oder Butterbrot.
Die zarten Blätter im Frühjahr eignen sich hervorragend als
Wildsalat, besonders in Kombination mit frischem Löwen-
zahn, junger Schafgarbe und Vogelmiere.

*HEXEN-TIPP: Die Knoblauchsrauke schmeckt zwar intensiv
nach Knoblauch, aber man riecht nach dem Essen nicht
nach Knoblauch.*

*Die Verwendungsmöglichkeiten der Knoblauchsrauke
stellen wir Ihnen auf den folgenden Seiten mit Rezepten für
Grüne Sauce, Olivenpaste, Kichererbsenmus und einen
Frühlingssalat vor. Weitere Rezepte mit Knoblauchsrauke
finden Sie auf Seite 89 (Schafgarbenbutter) und 118
(Wildkräuter-Spundekäs).*

Die Olivenpaste mit Knoblauchsrauke ist eine Schwester der südfranzösischen Tapenade und schmeckt wie diese als Brotaufstrich besonders gut zu Weißbrot. Wir mögen sie besonders gerne auf gerösteten Ciabatta-Scheiben zum Aperitif.

Olivenpaste mit Knoblauchsrauke

150 g schwarze Oliven ohne Stein
2 eingelegte Sardellenfilets
1 kleine getrocknete Chilischote
1 TL Zitronensaft
4 EL frische Knoblauchsrauke
1 TL frischer Rosmarin
1 TL frischer Thymian
6 frische Salbeiblätter
1 EL Kapern
100 ml Olivenöl
Salz, Pfeffer

Die Kräuter werden grob gehackt, die Oliven und die Chilischote klein geschnitten; dann wird alles mit dem Schneidstab püriert, während man langsam das Olivenöl zugibt. Mit Salz, Pfeffer und Zitronensaft abschmecken.

Blätter und Stängel von allen für die Grüne Sauce verwendeten Wildkräutern dekorieren hier den Teller mit der Hähnchenbrust.

HÄHNCHENBRUST MIT GRÜNER SAUCE (NACH ART DER SIEFERSHEIMER KRÄUTERHEXEN)

4 Hähnchenbrüste (oder Hähnchenbrustfilets, wenn's schneller gehen soll)
Salz, Pfeffer
Butterschmalz
2 Hände voll frische Wildkräuter wie zum Beispiel: Löwenzahnblätter, Sauerampfer, Vogelmiere, Knoblauchs-rauke, Kleiner Wiesenknopf, Breitwegerich, Brennnessel (sie muss vor der weiteren Verarbeitung kurz blanchiert wer-den), Schafgarbe und Weißer Gänsefuß (kann im Frühjahr auch durch Gänseblümchen ersetzt werden), alle gut gewaschen und grob gehackt
200 ml Sahne, 150 ml Schmand
2 Knoblauchzehen, Senf, Salz, Pfeffer, Zitronensaft

Die vier Hähnchenbrüste salzen, pfeffern und im vorgeheiz-ten Ofen bei 240 Grad, Umluft 220 Grad, Gas Stufe 4 ca. 20 Minuten braten, bis sie schön braun sind, dabei immer wieder mit dem austretenden Fett bestreichen.
(Oder: Die Hähnchenbrustfilets werden in der Pfanne mit Butterschmalz von jeder Seite ca. 3 Minuten gebraten und weitere 15 Minuten bei niedrigerer Temperatur gegart.)
Währenddessen die Sauce zubereiten: Sahne, Schmand, durchgepresste Knoblauchzehen und Senf mit den gehack-ten Kräutern verrühren und alles im Mixer pürieren; mit Zitronensaft, Salz und Pfeffer abschmecken. Dazu werden am besten Pellkartoffeln serviert.

VEGETARISCHER TIPP: Wie zur klassischen Grünen Sauce gibt es statt der Hähnchenbrüste oder Hähnchenbrustfilets pro Person zwei hart gekochte halbierte Eier.

Das nächste Rezept ist die Abwandlung eines Rezeptes aus der libanesischen Küche, des Houmous. Wir essen es gerne als Brotaufstrich oder zum Aperitif auf geröstetem Fladenbrot.

Kichererbsenmus mit Knoblauchsrauke

240 g Kichererbsen (aus der Dose)
4 EL geschnittene Knoblauchsrauke
2 EL Olivenöl (nach Bedarf etwas mehr)
1 EL Zitronensaft
Salz, Pfeffer
1 Messerspitze Cayennepfeffer
1 Messerspitze Chilipulver

Die abgetropften Kichererbsen und die Knoblauchsrauke zusammen mit dem Olivenöl mit dem Schneidstab pürieren; wenn das Mus zu fest wird, noch etwas Olivenöl zugeben. Mit Salz, Pfeffer, Zitronensaft, Cayennepfeffer und Chilipulver abschmecken.

FRÜHLINGSFRISCHER **W**ILDKRÄUTERSALAT

Je 1 Hand voll junge Blätter von Löwenzahn,
Knoblauchsrauke, Schafgarbe, Wegerich und Vogelmiere (hier die ganze Pflanze)
2 geriebene Karotten
100 g Feldsalat
1 kleiner Radicchio-Salat

Joghurt-Dressing:
40 ml Distel- oder Sonnenblumenöl
40 ml Essig (bevorzugt Weißweinessig)
120 ml Joghurt
1 TL Senf
1 TL Zucker
Salz
Pfeffer

Die Kräuter sollten am Tag der Zubereitung gesammelt,
gewaschen und trocken geschleudert werden. Für die
Salatsauce den Essig mit dem Senf, Salz und Pfeffer verrüh-
ren und nach und nach den Joghurt sowie das Öl unterrüh-
ren.
Um die Unterschiede der Kräuter und Salate und deren
Schönheit zur Geltung zu bringen, ordnen wir diese
speichenförmig auf einer großen Platte an. Das Rot des
Radicchios und das Orange der Karotten setzen schöne
Farb-Akzente. Kurz vor dem Servieren mit dem Joghurt-
Dressing beträufeln.

Löwenzahn

LÖWENZAHN (TARAXACUM OFFICINALE)

Familie der Korbblütler (Compositae oder Asteraceae)

VOLKSNAMEN: Butterblume, Kuhblume, Milchblume, Pusteblume; insgesamt gibt es wohl über 500 solcher Volksnamen für den Löwenzahn!

BESCHREIBUNG: Buchtig gesägte Blätter stehen in einer Rosette. Blattlose 20-50 cm hohe Stängel tragen stets nur ein Blütenköpfchen. Die Wurzel ist rübenartig und bis zu 30 cm lang.

STANDORT: Praktisch überall.

INHALTSSTOFFE: Vitamine, Bitterstoffe, Mineralien (viel Kalzium); Inulin, ein aus Fructose zusammengesetztes Kohlehydrat, in der Wurzel.

SAMMELZEIT: Die Blätter von April bis Mai vor der Blüte; die Wurzel von Februar bis April (dann enthält sie viel Zucker) oder von August bis September (dann enthält sie bis zu 40 % Inulin).

Seinen Namen hat der Löwenzahn wegen der Form seiner Blätter, sie ähneln den Zähnen eines Löwen. Im Saarländischen wird er aber auch Bettseicher, im Französischen pissenlit (was „Piss ins Bett" heißt) genannt. Dies erklärt sich aus seiner Wirkung: Er aktiviert Niere und Leber und wird als Entwässerungs- und Blutreinigungsmittel eingesetzt. Für den Tee aus getrockneten Blättern und Wurzeln übergießt man 1-2 Teelöffel mit 1/4 Liter Wasser, erhitzt das Ganze und hält es eine Minute am Kochen; nach 10 Minuten abseihen. Man trinkt 2 mal täglich 1 Tasse kurmäßig 4-6 Wochen lang.

In der Küche ist der Löwenzahn ganz besonders vielseitig: Die jungen Löwenzahnblätter schmecken vorzüglich als Salat. Der Geschmack ist aromatisch und leicht bitter. Die geschlossenen Blütenköpfchen sind ein guter Kapernersatz, schmecken aber auch gedünstet als Gemüse. Und aus den geöffneten Blüten lassen sich ein hervorragender Honig und ein wirksamer Verdauungsschnaps herstellen.

Die im August oder September gesammelten Wurzeln enthalten besonders viel Inulin und sind deshalb - zum Beispiel als Gemüse gekocht - eine gute Diätkost für Zuckerkranke.

Die geröstete und gemahlene Wurzel wurde früher genau wie die der Wegwarte und der Großen Klette als Kaffeeersatz genommen.

Die Verwendungsmöglichkeiten des Löwenzahns stellen wir Ihnen auf den folgenden Seiten mit Rezepten für gedünstete Löwenzahnknospen und Löwenzahnwurzel, für Löwenzahnsalat und Löwenzahnhonig vor. Weitere Rezepte mit Löwenzahn finden Sie auf den Seiten 41 (Schrotküchlein), 66 (Grüne Sauce), 89 (Schafgarbenbutter), 109 (Béchamelsauce), 114 (Grießsuppe) und 118 (Spundekäs).

Die gedünsteten Löwenzahnknospen sind ein vollkommen unbekannter Hochgenuss; sie schmecken wunderbar zu kurz gebratenem Fleisch oder zu Spätzle.

GEDÜNSTETE LÖWENZAHNKNOSPEN

100 g Löwenzahnknospen
2 EL Butter
Salz, Pfeffer
2 EL glatte Petersilie, gehackt
etwas Zitronensaft

Die Blütenknospen werden in der Butter gedünstet, mit Salz, Pfeffer und Zitronensaft abgeschmeckt und mit gehackter Petersilie bestreut serviert.

Eine Frühlingsdelikatesse: Löwenzahnsalat mit gebratenen Speckwürfeln und gerösteten Sonnenblumenkernen.

LÖWENZAHNSALAT

200 g junge, zarte Löwenzahnblätter
200 g geräucherter Bauchspeck
1 Zwiebel
1 EL Sonnenblumenkerne
2-3 EL Olivenöl
Saft einer halben Zitrone
Salz, Pfeffer, etwas Zucker

Die Sonnenblumenkerne in einer Pfanne ohne Fett anrösten. Die Löwenzahnblätter waschen und kleinschneiden. Olivenöl, Zitronensaft, Zucker, Pfeffer und Salz verrühren und über die Löwenzahnblätter gießen. Den Bauchspeck in kleine Würfel schneiden, in einer Pfanne anbraten, etwas später die gewürfelte Zwiebel dazugeben und glasig dünsten; abkühlen lassen und über den Salat geben. Alles gut mischen und mit den gerösteten Sonnenblumenkernen bestreut servieren.

TIPP: Eventuell 100 g geraspelte Möhren über den Salat geben; sie fangen die leichte Bitterkeit der Löwenzahnblätter auf.

LÖWENZAHNHONIG

200 g Löwenzahnblüten
1 l Wasser
1000 g Gelierzucker
Saft von 1 Zitrone

Die Löwenzahnblüten waschen und ca. 4 Stunden in 1 l
Wasser einlegen. Anschließend diesen sogenannten Kalt-
auszug 15 Minuten kochen, in ein Sieb gießen und aus-
drücken. Den goldgelben Sud mit Zucker und Zitronensaft
ca. 5 min einkochen. Den Honig noch heiß in Gläser füllen.

Löwenzahnwurzel, im August oder September gesammelt, enthalten besonders viel Inulin und sind für Diabetiker ein sehr wertvolles Gemüse.

Gedünstete Löwenzahnwurzeln

100 g frische Löwenzahnwurzeln
1 EL Butter
1 kleine Zwiebel
1/8 l Gemüsebrühe

Die Wurzeln putzen und fein schneiden, mit der gewürfelten Zwiebel in Butter 5-6 Minuten auf kleiner Flamme dünsten. Brühe zugießen, weiter dünsten, bis sie gar sind. Die gedünsteten Löwenzahnwurzeln schmecken kalt oder lauwarm, zum Beispiel mit einem Kartoffel-, Löwenzahn- oder Feldsalat.

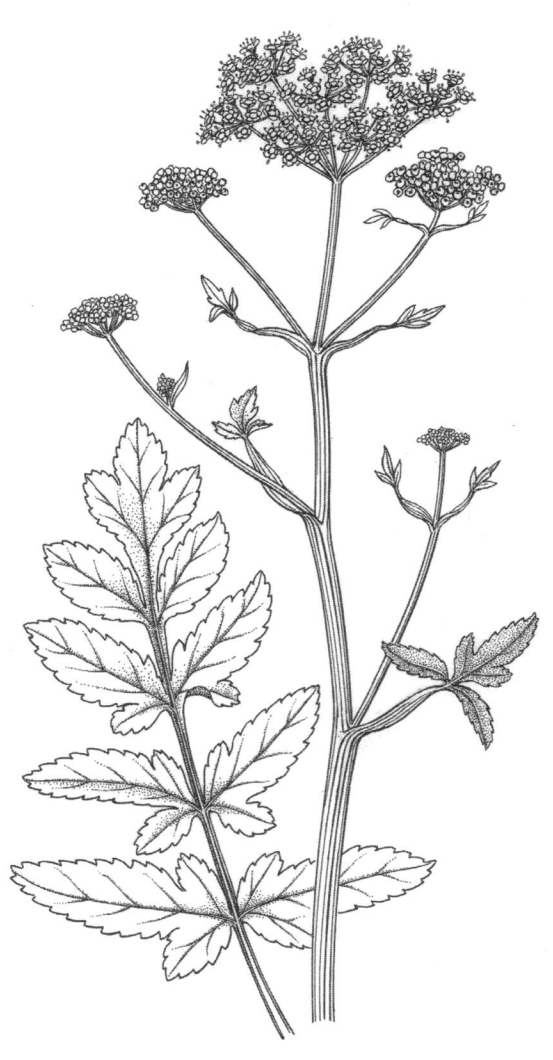

Pastinak

PASTINAK (PASTINACA SATIVA)

Familie der Doldenblütler (Umbelliferae oder Apiaceae)

VOLKSNAMEN: Pasternakeln, Bockwurzn, Kasseler Wurzeln

BESCHREIBUNG: Zweijähriger, ca. 30 -100 cm hoher, im Juli und August grün-gelb blühender Doldenblüher; die Blüte ist dem Dill ähnlich, die Blätter erinnern eher an Sellerie.

STANDORT: Ödland, Wiesen, Wege.

INHALTSSTOFFE: Vitamin C, Kalisalze, Spurenelemente, Spuren von Alkaloiden.

SAMMELZEIT: Wurzel im Herbst des ersten Jahres, Blätter von Juni bis August, Früchte kurz vor der Vollreife im August oder September.

Aus den Pastinaksamen kann ein wirksamer, die Gallenblase anregender und harntreibender Tee zubereitet werden: 1 gehäufter Teelöffel Pastinaksamen wird mit 1/4 Liter kochendem Wasser übergossen, 10 Minuten ziehen gelassen, dann abgeseiht. Bei Bedarf trinkt man 2 mal täglich eine Tasse.

Das Wurzelgemüse Pastinak ist eine zweijährige Pflanze. Im ersten Jahr kann man von Herbst bis ins zeitige Frühjahr die Wurzel ernten. So liefert der Pastinak besonders in der Zeit, in der uns relativ wenige einheimische Gemüse zur Verfügung stehen, sehr viel Vitamin C.

Der Pastinak ist schon immer dank des hohen Nährwertes seiner Wurzel kultiviert worden, geriet dann aber in Vergessenheit. Erst langsam erobert er sich seinen Platz auf unserem Speiseplan zurück und wird in jüngster Zeit wegen seines aromatischen Geschmacks zu einem wahren In-Gemüse. Pastinakenwurzeln schmecken gut als Mischgemüse mit Karotten und Kartoffeln oder zusammen mit Auberginen, Paprika und Tomaten in Ratatouille.

Die Blätter des Pastinaks können als Speisewürze verwendet werden.

TIPP: Pastinakwurzeln gibt es inzwischen auf den Wochenmärkten und in gut sortierten Gemüsegeschäften.

TIPP: Üppige Sträuße aus den gelb-grünen Pastinakendolden sehen einfach umwerfend aus.

Die Verwendungsmöglichkeiten des Pastinaks stellen wir Ihnen auf den folgenden Seiten mit Rezepten für eine Pastinak-Tarte und für ein Möhren-Pastinaken-Carpaccio vor.

160 g Hirse
2 EL Öl
400 ml Gemüsebrühe
2 Zwiebeln
400 g Pastinakwurzel
1/2 Bund glatte Petersilie
Pfeffer, Salz
250 g Magerquark
2 Eier
Fett für die Form
4 EL geriebener Käse

Die abgespülte Hirse in einem Esslöffel Öl andünsten, die Gemüsebrühe dazugießen und aufkochen; bei geringer Hitze ca. 10 Minuten weiterkochen, dann 20 Minuten lang ausquellen lassen.

Die Zwiebeln würfeln, die Pastinakwurzeln schälen, waschen, abtrocknen und grob raspeln. Das restliche Öl in einer Pfanne erhitzen, die Zwiebeln darin glasig dünsten; die Pastinaken zufügen und bissfest dünsten.

Die Gemüsemischung mit der fein gehackten Petersilie, Salz und Pfeffer würzen. Die gedünstete Hirse, den Quark und die Eier unterziehen.

Eine Tarteform mit ca. 30 cm Durchmesser ausfetten, die Mischung einfüllen, und die Pastinak-Tarte im vorgeheizten Backofen bei 150 Grad, Gas Stufe 2, Umluft 140 Grad in 30 Minuten stocken lassen. 10 Minuten vor dem Ende der Backzeit die Tarte mit dem geriebenen Käse bestreuen. Dazu schmeckt am besten ein grüner Salat.

Sieht supergut aus und schmeckt gut sowohl als Vorspeise wie auch als Gemüsebeilage zu kurz gebratenem Fleisch.

ABGESCHMÄLZTES MÖHREN-PASTINAKEN-CARPACCIO

2 große Möhren
2 Pastinakenwurzeln
Salz, Pfeffer
100 g Butter
1 große Zwiebel

Möhren und Pastinaken mit der Aufschnittmaschine quer in sehr feine Scheiben schneiden und getrennt ganz kurz in Salzwasser blanchieren, abtropfen lassen. Die Zwiebel in feine Ringe schneiden und in der Butter goldgelb dünsten. Auf einer Platte immer abwechselnd eine Reihe Möhren- und eine Reihe Pastinakenscheiben legen, salzen und pfeffern und die Butter-Zwiebel-Mischung auf dem „Carpaccio" verteilen.

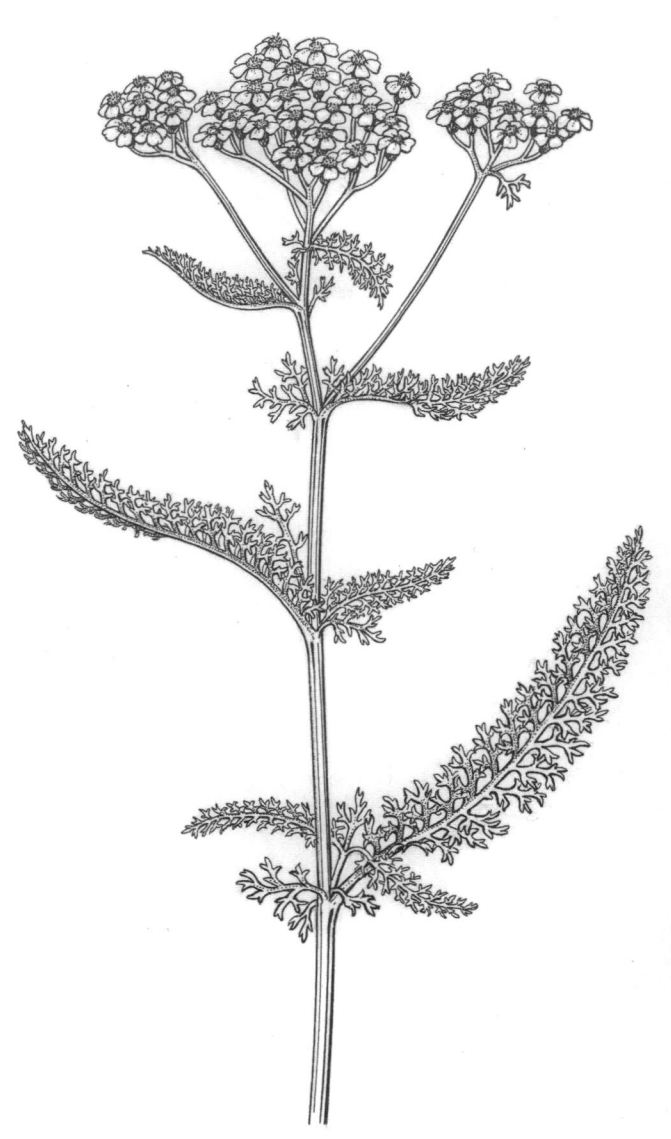

Schafgarbe

Schafgarbe (Achillea millefolium)

Familie der Korbblütler (Compositae oder Asteraceae)

Volksnamen: Katzenschwanz, Augenbraue der Venus, Soldatenkraut, Wundkraut.

Beschreibung: Aufrechte 15-50 cm hohe Pflanze, Stängel hart und markig, meist behaart, Blätter spitz, linealisch fein aufgeteilt, 2-3fach fiederspaltig, Blütenköpfchen trugdoldig angeordnet. Weiße oder rosa Zungenblüten, blüht von Mai bis Oktober.

Standort: Wiesen, Raine, Wege und Ackerränder, meidet feuchte Standorte.

Inhaltsstoffe: Ätherische Öle mit Kampfer, Proazulen, Chamazulen, ferner Achillein und andere Bitterstoffe, Mineralien (besonders Kalzium).

Sammelzeit: Für Heilzwecke während der Blüte; als Küchenkraut ganzjährig die jungen, zarten Blätter.

Im Mittelalter nannte man die Schafgarbe die Augenbraue der Venus. Die botanische Bezeichnung „millefolium" bedeutet "tausendblättrig" und verweist auf die filigranen Fiederblättchen, die der Schafgarbe ihr charakteristisches Aussehen verleihen. Der lateinische Gattungsname „Achillea" hingegen erinnert an Achilles, den Helden der Ilias. Seine Mutter hatte ihn unverwundbar gemacht, indem sie ihn nachts mit Aschenglut bedeckte und ihn tagsüber mit Ambrosia heilte. Leider wurde jedoch die Stelle an der Ferse, wo sie ihn tagtäglich festgehalten hatte, nicht „versiegelt". Genau dort traf ihn schließlich Paris' vergifteter Pfeil. Auf Anraten der Göttin Venus legte der Held Schafgarbe auf.

Auch im Mittelalter wurde die Schafgarbe als Wundheilmittel und gegen äußere und innere Blutungen benutzt.

Der Name „Soldatenkraut" erklärt, weshalb sie in Kriegszeiten von Schulkindern gesammelt wurde. Ihr hoher Azulengehalt, den sie mit der Kamille gemein hat, und andere antibiotische Substanzen dürften so manchen Verwundeten vor einer gefährlichen Infektion bewahrt haben. - In nordischen Ländern war sie als Hopfenersatz beim Bierbrauen in Gebrauch und in Deutschland verwendete man die Früchte zum Konservieren von Wein bis ins 16. Jahrhundert.

Die Pflanze wird bei Appetitlosigkeit, gegen Magen-, Darm- und Gallebeschwerden eingesetzt. Weiterhin kräftigt die Schafgarbe das Gefäßsystem und verbessert die Durchblutung der Hände und Beine. Als Tee überbrüht man 2 gehäufte Teelöffel Schafgarbenkraut mit kochendem Wasser und seiht nach 15 Minuten ab; getrunken werden 2-3 Tassen täglich.

Als Küchenkraut ist die Schafgarbe ein kulinarischer Glücksfall. Sie besitzt einen angenehm aromatischen Geschmack, der an Nüsse erinnert. Die feinen Bitterstoffe würzen ganz hervorragend Quark- und Käseaufstriche und schmecken auch in einer Kräuterbutter gut. Doch nicht nur als Würzkraut, auch als Wildsalat kann man die „Augenbrauen der Venus" nutzen, kombiniert mit anderen Wildkräutern wie Knoblauchsrauke, Vogelmiere, Brennnesseln und Löwenzahn. Weiterhin schmeckt sie fein gehackt oder ganz als Suppeneinlage oder in Salaten.

Die Verwendungsmöglichkeiten der Schafgarbe stellen wir Ihnen auf den folgenden Seiten mit Rezepten für Schafgarbenbutter und ein Kräuterbrot vor. Weitere Rezepte mit Schafgarbe finden Sie auf den Seiten 41 (Schrotküchlein), 43 (Haferflockensuppe), 66 (Grüne Sauce), 109 (Béchamelsauce) und 118 (Wildkräuterspundekäs).

Kräuterbutter mit Schafgarbe und selbst gebackenem Brot, garniert mit den Fiederblättchen der Schafgarbe, die überhaupt eine wunderbare Dekoration für kalte Platte, Dipps u.ä. sind.

Schafgarbenbutter mit buntem Kräuterbrot

Schafgarbenbutter:
  250 g Butter
  ca. 30 junge, hellgrüne Stängel Schafgarbe
  1-2 Knoblauchzehen
  Salz

Die Schafgarbe waschen und trocken schleudern. Danach die feinen Fiederblättchen vom Stängel abziehen und mit dem klein gehackten Knoblauch, dem Salz und der zimmerwarmen Butter verrühren.

Tipp: Natürlich kann man auch andere Wildkräuter verwenden wie zum Beispiel Löwenzahn, Kleiner Wiesenknopf, Knoblauchsrauke oder Vogelmiere.

Buntes Kräuterbrot:
  500 g Mehl
  1 Würfel Hefe
  1 TL Zucker
  1 TL Salz
  250 ml Milch
  5 EL Olivenöl
  125 g geriebener Käse
  150 g Salami am Stück
  1 Zwiebel
  1 Knoblauchzehe
  1 Hand voll Wildkräuter (zum Beispiel Kleiner Wiesenknopf, Löwenzahn, Schafgarbe u.ä.)

Salami und Zwiebel würfeln, die Zwiebelwürfel in wenig Olivenöl andünsten, die Knoblauchzehe durchpressen, die Wildkräuter waschen und hacken.

Hefe und Zucker in der leicht erwärmten Milch verrühren; das Mehl, die Hefemilch und das restliche Öl zuerst mit den Knethaken des Handrührers, danach mit den Händen zu einem glatten Teig verkneten, zu einer Kugel formen und an einem warmen Ort abgedeckt etwa 30 Minuten gehen lassen. Danach die weiteren Zutaten gründlich unterkneten und nochmals kurz gehen lassen. Den Teig in 2 gefettete Kastenformen geben und bei 230 Grad, Umluft 200 Grad, Gas Stufe 4 ca. 35 Minuten backen.

Das Brot lässt sich sehr gut einfrieren und schmeckt auch hervorragend zu Kräuterquark.

VEGETARISCHER TIPP.: Ersetzen Sie die Salami durch 150 g gehackte Walnüsse.

Seifenkraut

SEIFENKRAUT (SAPONARIA OFFICINALIS)

Familie der Nelkengewächse (Caryophyllaceae)

VOLKSNAMEN: Hustenwurzel, Waschkraut, Waschwurz, Seifenwurzel.

BESCHREIBUNG: Mehrjährige Pflanze mit fingerdickem Wurzelstock. Aufrechter Stängel, 30-70 cm hoch. Gegenständige elliptische Blätter, 5-10 cm lang, mit bogenförmigen Nerven. Im Juli reinweiße oder leicht rosarote Blüten in endständigen Büscheln. Blüten duftend.

STANDORT: Ufer, Wegränder, Ödland.

INHALTSSTOFFE: Saponine, Zucker.

SAMMELZEIT: Wurzeln im Frühjahr oder Herbst, Kraut von Juni bis September.

Die Blüten des Seifenkrauts haben einen zarten Duft, der an Brause erinnert. Das Seifenkraut ist eine typische Nachtfalterblume: Am Abend beginnt es stärker zu duften, um seine Bestäuber anzulocken.

Seit der Antike schätzt der Mensch seine in Wasser aufschäumenden Saponine (Seifenstoffe). Selbst im antiken Rom hat man Seifen gefunden, die aus Ziegenfett und Seifenkraut bestanden. Aber nicht nur zur Hautreinigung wurde und wird das Seifenkraut benutzt, früher gebrauchte man es auch zum Wäschewaschen. Und Restauratoren benutzen dieses sanfte Mittel zur Reinigung von alten empfindlichen Stoffen.

Die Bezeichnung „officinalis" beim lateinischen Namen bedeutet, dass die Pflanze schon in früheren Zeiten in der Offizin der Apotheken verarbeitet wurde; wir haben es also mit einer alten Heilpflanze zu tun.

Als Tee wirkt das Seifenkraut gegen Husten, Bronchitis und Asthma. Man setzt 2 gehäufte Teelöffel Seifenkrautwurzel mit 1/4 l Wasser kalt an und lässt einige Stunden ausziehen, dann bringt man den Tee zum Kochen und presst ihn ab. Bei Husten trinkt man 2 mal täglich eine Tasse.

In der Küche spielt das Seifenkraut weder als Gewürz noch als Gemüse eine Rolle.

TIPP: Ein kleiner Strauß aus Seifenkraut hat eine sehr zarte Farbe, ist von ebenso zartem Duft und etwas ganz Besonderes.

Die Verwendungsmöglichkeiten des Seifenkrauts stellen wir Ihnen auf den beiden folgenden Seiten mit Rezepten für ein Shampoo und für eine Seifenkraut-Waschlotion vor.

SEIFENKRAUTSHAMPOO MIT EI

250 ml Wasser
1 EL getrocknetes Seifenkraut
Saft von 1 Zitrone
1 Eigelb

Das Wasser zum Kochen bringen, über das Seifenkraut gießen und abkühlen lassen. Dann abseihen. Das Eigelb mit dem Zitronensaft verquirlen und zu dem kalten Seifenkrautaufguss geben.

Shampoo im Kühlschrank aufbewahren und innerhalb von 7 Tagen verbrauchen.

Unsere Seifenkraut-Waschlotion gehört zu den mildesten Reinigungsmitteln und eignet sich deshalb auch für sehr empfindliche Haut.

SEIFENKRAUT-WASCHLOTION

15 g gehackte Seifenkrautwurzeln (entweder selbst gesammelt oder aus der Apotheke)
600 ml Quellwasser (ersatzweise z.B. Vittel)
50 ml Rosenwasser

Die Seifenkrautwurzeln werden in einem Topf mit dem Wasser übergossen. Man kocht sie auf und lässt 15 Minuten lang köcheln. Durch einen ungebleichten Kaffeefilter abgießen. Das Filtrieren wiederholen, wenn die Flüssigkeit noch trüb sein sollte. Nach dem Abkühlen das Rosenwasser dazugeben, kurz umrühren und in eine Flasche abfüllen. Man gibt etwas Lotion auf einen Wattebausch und reinigt damit Gesicht und Hals.
Die Seifenkraut-Waschlotion hält sich 1 Woche bei Zimmertemperatur und ca. 4 Wochen im Kühlschrank.

HEXENTIPP: Nicht umsonst wird das Seifenkraut auch das „Kraut der Ewigen Jugend" genannt - wir Siefersheimer Kräuterhexen jedenfalls schwören auf Seifenkrautwaschungen!

Weiße Taubnessel

Weisse Taubnessel (Lamium album)

Familie der Lippenblütler (Labiatae oder Lamiaceae)

Volksnamen: Bienensaug, Blumennessel, Weiße Nessel.

Beschreibung: Vierkantiger Stängel etwa 30-40 cm hoch. Die Blätter gegenständig, am Rand gesägt, herz-eiförmig, lang gestielt. 5-8 Blüten in blattachselständigen Scheinquirlen. Weiße Blüten 2-2,5 cm lang. Brennnesselartige Pflanze ohne Brennhaare; ausdauernd, häufig wintergrün.

Standort: An Wegen und Wiesenrändern, auf Schuttplätzen; insgesamt auf nahrhaften Böden.

Inhaltsstoffe: Schleimstoffe, Saponine, ätherische Öle, Gerbstoffe.

Sammelzeit: Blüten und Blätter April bis Oktober.

Im Frühjahr kann man die Taubnessel leicht mit der Brennnessel verwechseln. Sie hat zwar nesselähnliche Blätter, jedoch sind diese nicht mit Brennhaaren versehen. Besonderes Merkmal sind die weißen Lippenblüten, die über den Nesselblättern wachsen.

Die Blüten der Taubnessel enthalten süßen Nektar, den nur die Hummeln erreichen können. Wenn man die Blüten abpflückt und daran saugt, kann man ihn schmecken.

Die Taubnessel wurde schon früh in der Frauenheilkunde gebraucht. Sie ist ein besonders gutes Mittel gegen weißen Ausfluss. Dafür wird Taubnesseltee innerlich zur Teekur und äußerlich für Scheidenspülungen verwendet. Als Tee werden 1-2 Teelöffel Taubnesselblüten mit 1/4 Liter Wasser übergossen, aufgekocht und 5 Minuten ziehen gelassen. Man trinkt 2-3 mal täglich eine Tasse.

Die Taubnessel hilft aber auch bei Erkrankungen der Atem- und Verdauungswege, bei Blasenleiden und Schlaflosigkeit. Auch in der Schönheitspflege wird die Taubnessel gebraucht: Der kalte Tee ist ein gutes Reinigungsmittel für fettige Haut.

In der Küche werden die jungen Blätter, die deutlich nach Champignon schmecken, und die Blüten der Taubnessel als Salat oder Beigabe zum Wildspinat verwendet.

Hildegard von Bingen schrieb, wer die Taubnessel bei sich trägt, der lacht gern und dessen Herz ist heiter.

Die Verwendungsmöglichkeiten der Weißen Taubnessel stellen wir Ihnen auf den folgenden Seiten mit Rezepten für ein Taubnessel-Sauerkraut-Gemüse, Taubnesselspätzle und eine Taubnessel-Mousse vor.

TAUBNESSEL-SAUERKRAUT-GEMÜSE

5 g Butterschmalz

1 Zwiebel, in Ringe geschnitten

500 g Sauerkraut

300 ml Gemüsebrühe

1 Apfel oder frische Weintrauben

1 rohe, geriebene Kartoffel

5 EL Taubnesselblätter, fein geschnitten

3 EL Taubnesselblüten

Salz, Pfeffer

Zwiebelringe in Butterschmalz andünsten, Sauerkraut dazugeben, ebenfalls andünsten und mit Gemüsebrühe aufgießen. Zugedeckt 15 Minuten köcheln lassen; während der letzten 5 Minuten die feingeriebene Kartoffel, den Apfel oder die Weintrauben hinzufügen, mit Salz und Pfeffer abschmecken und zum Schluss die Taubnesselblätter unterziehen und mit den Taubnesselblüten garnieren.

TAUBNESSELSPÄTZLE

500 g Hartweizenvollkornmehl
100 g Magerquark
3 Eier
ca. 400 ml Wasser
1 Hand voll Taubnesselblätter, fein geschnitten
Salz, Pfeffer, Muskat
40 g Butter

Das Mehl in eine Schüssel sieben und in die Mitte eine Mulde drücken. Die aufgeschlagenen Eier einzeln in die Mulde gleiten lassen, den Quark dazugeben, salzen und von der Mitte aus zu einem Teig verarbeiten. Nach und nach das Wasser einrühren; der Teig sollte weich, aber nicht flüssig sein. Zugedeckt 30 Minuten quellen lassen. Den Spätzleteig portionsweise in kochendes Salzwasser hobeln, einmal aufkochen und 2 Minuten ziehen lassen. Die Spätzle mit dem Schaumlöffel aus dem Wasser heben, abtropfen lassen und warm stellen. Die Butter in einer Pfanne leicht braun werden lassen und über die Taubnesselspätzle geben.

Taubnessel-Mousse mit Holundersirup ist eine geschmack-
lich sehr aparte Kombination, die auch ohne die Dekoration
mit der Holunderbeerendolde - denn die gibt's nur im
Spätsommer - toll aussieht..

TAUBNESSEL-MOUSSE AUF HOLUNDERSIRUP

10 getrocknete Aprikosen

6 EL Zitronensaft

1 Stange Vanille

200 ml Sahne

6 EL Taubnesselblüten, grob geschnitten

2 EL Taubnesselblätter, fein geschnitten

250 g Holundersaft (selbst gemacht oder aus dem Reformhaus)

250 g Zucker

Getrocknete Aprikosen klein würfeln und über Nacht in Zitronensaft einweichen. Am nächsten Tag mit dem Schneidstab pürieren. Die Vanille aus der Schote kratzen, in die steif geschlagene Sahne geben, die pürierten Aprikosen und zum Schluss die Taubnesselblüten und -blätter unterheben.

Holundersaft mit dem Zucker zu einem Sirup kochen.

Zum Servieren einen Spiegel aus Holundersirup auf den Teller gießen, mit einem Esslöffel eine Nocke von der Taubnesse-Mousse abstechen, mit Taubnesselblättern und eventuell Holunderbeeren - das geht nur im August oder September - garnieren.

Vogelmiere

VOGELMIERE (STELLARIA MEDIA)

Familie der Nelkengewächse (Caryophyllaceae)

VOLKSNAMEN: Hühnerabbiss, Gänsekraut, Sternenkraut.

BESCHREIBUNG: Der bis zu 30 cm lange Stängel wächst am Boden und ist mit einer längs laufenden Haarleiste versehen. Die Blätter sind oval-elliptisch. Die Blüten haben 5 Kelchblätter, die oval-länglich und länger oder gleich lang wie die fünf weißen zweilappigen Kronblätter sind.

STANDORT: Gartenbeete, Weinberge, Rasen, brachliegende Äcker, praktisch überall.

INHALTSSTOFFE: Eisen, Kalium, Calcium, Magnesium, Vitamin C, Saponine.

SAMMELZEIT: Praktisch immer, außer bei Dauerfrost und geschlossener Schneedecke.

Die Vogelmiere ist ein Wunder an Vitalität und unverwüstlicher Lebenskraft. Sie wächst und blüht unentwegt, selbst im Winter unter der Schneedecke finden wir das zarte Pflänzchen. Die Vogelmiere bringt 5 bis 6 Generationen pro Jahr hervor und erzeugt pro Generation zwischen 10 000 bis 20 000 Samen. Diese Samen können bis zu 60 Jahre in der Erde ruhen, so dass sie - falls sich die Wachstumsbedingungen verschlechtern - zu einem günstigeren Zeitpunkt keimen können.

Die Vogelmiere wächst so üppig, dass brachliegende Flächen oft völlig überwuchert werden. So schützt sie den Boden vor der austrocknenden Sonne bzw. vor dem verschlämmenden Regen. Auf diese Weise kommt sie auch den humusbildenden Kleinlebewesen zugute und dient den Vögeln als Futter.

Durch ihren hohen Gehalt an Saponinen (Seifenstoffen) gilt die Vogelmiere als gutes Heilmittel bei Verschleimung der

Atemwege. Sie verbessert außerdem das Erscheinungsbild von Haut, Haaren und Zähnen. Als Tee werden 2 Teelöffel Vogelmiere mit 1/4 Liter kochendem Wasser übergossen, 5-10 Minuten ziehen gelassen, dann abgeseiht; man trinkt 2 mal täglich eine Tasse.

Die Vogelmiere schmeckt nach jungen Erbsen oder einfach nach frischem Grün. Sie wird in der Küche immer frisch verwendet und schmeckt als Salat, gemischt mit anderen Wildkräutern oder mit gewöhnlichen Blattsalaten genauso gut wie als Zugabe zum Spundekäs.

HEXEN-TIPP: Die Vogelmiere ist unsere Alternative zu allen Schönheitsdragees!

Die Verwendungsmöglichkeit der Vogelmiere stellen wir Ihnen auf der folgenden Seite mit einem Rezept für ein Vogelmierepesto vor. Weitere Rezepte mit Vogelmiere finden Sie auf den Seiten 41 (Schrotküchlein), 66 (Grüne Sauce), 89 (Schafgarbenbutter), 109 (Béchamelsauce), 114 (Grießsuppe) und 118 (Wildkräuterspundekäs).

Das Vogelmierepesto ist eine Anleihe aus der italienischen Küche, in der es mit Basilikum hergestellt wird. Unser Vogelmierepesto schmeckt gut zu Gemüseterrinen, Nudelgerichten, als Brotaufstrich und in Suppen gerührt.

VOGELMIEREPESTO

100 g frische Vogelmiere
40 g Pinienkerne
2 Knoblauchzehen
120 ml Olivenöl
Salz, Pfeffer

Pinienkerne, frische Vogelmiere und den Knoblauch mit einem Schneidstab fein pürieren. Während des Pürierens das Olivenöl zugießen, bis eine glatte Creme entstanden ist. Mit Salz und Pfeffer nach Geschmack würzen.
Das Pesto hält sich höchstens 5-7 Tage und muss luftdicht verschlossen im Kühlschrank aufbewahrt werden.

Breitwegerich

WEGERICHE:

BREITWEGERICH (PLANTAGO MAJOR)

MITTLERER WEGERICH (PLANTAGO MEDIA)

SPITZWEGERICH (PLANTAGO LANCEOLATA)

Familie der Wegerichgewächse (Plantaginaceae)

VOLKSNAMEN: Heilwegerich, Lämmerzunge, Wegbreite, Wegtritt, Heufresser.

BESCHREIBUNG: Alle Blätter stehen rosettig dicht am Boden; je nach Art sind die Blätter schmal bis breit und verschieden groß. Die Blattoberseite ist glatt, die Unterseite mit stark hervortretenden parallelen oder bogenförmigen Adern.

STANDORT: Wiesen, Weiden, Wege.

INHALTSSTOFFE: Schleimstoffe, Bitterstoffe, Zink.

SAMMELZEIT: Die Blätter von März bis August.

Alle drei Wegericharten waren ursprünglich nur in Mittel- und Westeuropa beheimatet. Da besonders die Samen viel Schleim enthalten, setzen sie sich bei Nässe in den Schuhsohlen fest. Auf diese Weise wurden die Wegeriche stark verbreitet. Schon die ersten europäischen Siedler brachten die Pflanze in die „Neue Welt". Dort wurde und wird der Wegerich von den Indianern „Fußspur des Weißen Mannes" genannt.

Bekannt ist besonders der Spitzwegerich als häufiger Bestandteil von gut wirkenden Hustenmitteln. Wegerichblätter können aber auch als Wundpflaster benutzt werden: Bei Schnittwunden hilft der adstringierende (zusammenziehende) Saft der Wegerichpflanze schnell, die Wunde zu schließen. Wahre Wunder jedoch bewirkt das zerdrückte Wegerichblatt bei Insektenstichen. Wenn es sofort auf die frische Stichwunde gelegt wird, entzündet sich diese dank des in dem Saft enthaltenen Zinks nicht, und der Juckreiz hört sofort auf.

Im zeitigen Frühjahr kann man aus den jungen Blättern aller drei Wegericharten, die ähnlich wie Steinpilze schmekken, leckere Salate und Gemüse bereiten. Da die Blattadern häufig etwas zäh sind, empfiehlt es sich, zumindest die mittleren herauszuschneiden.

HEXENTIPP: Für uns Siefersheimer Kräuterhexen ist der Wegerich ein wunderbares „Erste-Hilfe-Kraut"!

Die Verwendungsmöglichkeiten des Wegerichs stellen wir Ihnen auf den folgenden Seiten mit Rezepten für Wegerichsirup, Spitzwegerichbonbons und Wegerich-Gnocchi vor. Weitere Rezepte mit Wegerich finden Sie auf den Seiten 66 (Grüne Sauce) und 114 (Grießsuppe).

Der Wegerichsirup und die Spitzwegerichbonbons sind für Kinder ein gutes und bewährtes Mittel gegen hartnäckigen Husten.

WEGERICHSIRUP

1 Liter gewaschene und fein zerkleinerte Wegerichblätter (vorzugsweise vom Spitzwegerich)
300 g brauner Zucker
250 g Honig

Unter ständigem Rühren werden die Zutaten auf kleiner Flamme gekocht, bis eine homogene dickflüssige Masse entsteht. Diese wird heiß in gut gespülte Gläser gefüllt und kühl aufbewahrt.

SPITZWEGERICHBONBONS

250 g Spitzwegerichblätter
1/2 l Wasser
500 g Zucker
20 g Butter
1 TL gemahlener Anis
1 TL gemahlener Fenchelsamen

Spitzwegerichblätter waschen und in 1 cm breite Streifen schneiden. 30 Minuten im Wasser kochen. Den Sud abseihen und in einen Topf gießen. Mit Zucker, Butter und den Gewürzen 20 Minuten lang zu einem dickflüssigen Sirup einkochen. Ein Backblech mit Backpapier auslegen und den Sirup daraufgießen. Vor dem völligen Aushärten die Masse in Bonbongröße schneiden, trocknen lassen und in Folie einwickeln.

WEGERICH-GNOCCHI MIT WILDKRÄUTER-BÉCHAMELSAUCE

WEGERICH-GNOCCHI:

600 g Kartoffeln, mehlig kochend
1 EL Olivenöl
10 EL Mehl
2 Eier
1 Hand voll Wegerichblätter (nur die ganz zarten Blätter)
etwas Salz
gemahlener Pfeffer
Muskatnuss
5 EL geriebener Parmesan
4 schöne Wegerichblätter

Die Kartoffeln in der Schale kochen, noch heiß schälen, durchs Passiergerät drücken und etwas auskühlen lassen. Die Wegerichblätter fein hacken, zusammen mit den Eiern unter das Kartoffelpüree mischen, anschließend das Mehl dazugeben, mit Salz, Pfeffer und wenig Muskatnuss abschmecken.
Gnocchi formen, diese über einen Gabelrücken abrollen und in kochendem Salzwasser kochen. Wenn die Gnocchi obenauf schwimmen, herausnehmen, gut abtropfen lassen und warm stellen.

WILDKRÄUTER-BÉCHAMELSAUCE:

1/4 l Milch
1/4 l Wasser
1-2 EL Mehl
50 g Butter
Salz, Pfeffer, Muskatnuss
2 Hände voll Wildkräuter (nach Saison: Brennessel,
Weißer Gänsefuß, Schafgarbe, Löwenzahn, Vogelmiere)

Die Wildkräuter waschen und hacken.
Mit der Butter und dem Mehl eine klassische Mehlschwitze
zubereiten und mit dem Wasser-Milch-Gemisch ablöschen.
Mit Salz, Pfeffer und Muskat abschmecken, kurz aufkochen
lassen, danach den Topf vom Herd nehmen und die gehackten Kräuter unterheben und sofort servieren: Die
Gnocchi auf den Teller geben, die Sauce hinzufügen, mit
etwas geriebenem Parmesan bestreuen und mit einem
Wegerichblatt garnieren.

Gemeine Wegwarte

Gemeine Wegwarte (Cichorium intybus)

Familie der Korbblütler (Compositae oder Asteraceae)

Volksnamen: Feldzichorie, blaue Sonnenwende, Weg-
leuchte, Sonnenkraut, Wilde Endivie.

Beschreibung: Mehrjähriges bis 1,5 m hohes, sparriges
verzweigtes Kraut. Stengel kantig und meist kahl. Blätter
wechselständig und fiederspaltig. Blüten blau, sehr selten
auch rosa oder weiß gefärbt. Wurzel schmal und
rübenförmig.

Standort: An Weg- und Straßenrändern.

Inhaltsstoffe: Bitterstoff, Inulin, ein Kohlehydrat.

Sammelzeit: Kraut und Blüten von Juli bis September, die
Wurzeln im Frühjahr und Herbst.

Hinter dem Begriff Muckefuck für einen dünnen, koffein-
freien Kaffee steckt insgeheim die Wegwartenwurzel! Und
zwar diente die geröstete Zichorienwurzel seit dem letzten
Drittel des18. Jahrhunderts als Kaffeeersatz. Die Napoleoni-
sche Kontinentalsperre ab 1806 sorgte dann für einen
weiteren Boom des Ersatzkaffees. In Frankreich nannte man
ihn Mocca faux, bei uns wurde daraus Muckefuck.
Die Wegwarte wirkt appetitanregend, aktiviert Leber und
Galle und ist ein gutes Magenmittel. Man übergießt einen
Teelöffel Wurzel oder Kraut oder eine Mischung von
beidem mit 1/4 Liter kaltem Wasser, bringt den Tee 2-3
Minuten lang zum Kochen und gießt ab; man trinkt 2-3
mal täglich eine Tasse. Gegen Hautunreinheiten werden
Waschungen mit kaltem Tee empfohlen. - Bei der Therapie
von depressiven Menschen hat die blaue Wegwarte eine
interessante Funktion. Die Patientin oder der Patient wird
Großfotos der intensiv blauen Blüte ausgesetzt und erfährt
deren aufhellende Wirkung aufs Gemüt.

Auch in der Blütentherapie nach Dr. Edward Bach, einem englischen Arzt (1886-1936), spielt die Wegwarte als eine der achtunddreißig angewandten Pflanzenarten eine Rolle.

Die Verwendungsmöglichkeiten der Wegwarte stellen wir Ihnen auf den folgenden Seiten mit Rezepten für Wegwarten-Bleichsalat, eine Grießsuppe und als Kaffeeersatz vor.

4 Hände voll gebleichte Wegwartenblätter

1 Apfel

1 Apfelsine

2 EL grob gehackte Walnüsse

6 EL Öl

3 EL Essig oder Zitronensaft

Salz, Pfeffer, Zucker

Blätter waschen, abtropfen lassen und in mundgerechte Stücke schneiden. Den Apfel waschen, das Kerngehäuse herausschneiden, evtl. schälen und in Spalten schneiden. Die Apfelsine schälen und die Spalten filetieren. Aus Essig, Salz, Pfeffer, Zucker eine Sauce rühren, das Öl dazugeben und alles mit dem Salat vermischen.

Es gibt zwei Bleich-Methoden:

1. Im Herbst gräbt man die Wurzeln der Wegwarte aus, wäscht sie gut, schneidet von der Blattrosette alle Blätter bis auf eines weg, steckt die Wurzeln eine neben die andere in einen Eimer mit feuchtem Sand und stellt den Eimer in einen warmen, dunklen Keller. Wichtig ist, dass die Pflanze ganz und gar im Dunkeln steht, entweder unter einem Pappkarton oder in einem Schrank. Schon nach 14 Tagen treiben die Pflanzen gelblich-bleiche Blätter, die kaum noch bitter sind und regelmäßig geschnitten werden können.

2. Man sucht sich im Frühjahr eine Wegwartenpflanze und stülpt zur Verdunklung einen engmaschigen Weidenkorb darüber. Bei dieser Methode dauert es etwas länger bis die Blätter gebleicht sind, weil die Pflanze für ihre Entwicklung eine gewisse Wärme braucht.

GRIESSSUPPE MIT MANDELN UND WILDKRÄUTERN

60 g abgezogene, in einer Pfanne ohne Fett geröstete
Mandeln (ersatzweise Haselnüsse)

Salz

4 EL Grieß

1 EL Butter

3/4 l Gemüsebrühe

3 Eigelb

1/8 l Sahne

Salz, Pfeffer

2 Hände voll Wildkräuter, z. B. Löwenzahn, gebleichte
Wegwartenblätter, Vogelmiere, Schafgarbe, Wegerich,
Kleiner Wiesenknopf.

Die gerösteten Mandeln in der Mandelmühle zerkleinern
oder im Mörser zerstoßen. Die Mandeln werden mit etwas
Salz in einem Topf unter ständigem Rühren erhitzt. Den
Grieß zufügen, kurz mitrösten und die Butter in der Grieß-
Mandel-Masse schmelzen lassen. Nach und nach mit der
Gemüsebrühe auffüllen. Die Suppe bei milder Hitze unter
häufigem Umrühren zum Kochen bringen, den Grieß
danach 10 Minuten bei milder Hitze quellen lassen. Die
Eigelbe mit der Sahne, dem Salz und dem Pfeffer verquirlen. Etwa 5 Eßlöffel der heißen Grießsuppe in die Eigelb-
Sahne-Mischung rühren, den Topf vom Herd nehmen und
die Suppe mit der Eigelb-Sahne legieren. Die Suppe wird
vor dem Servieren mit den frischen klein gehackten Wildkräutern bestreut.

Das folgende Rezept für einen Kaffeeersatz aus Weg-
wartenwurzel ist wohl eher aus historischen Gründen oder
für wirklich hartgesottene Selbstversorgerinnen und Selbst-
versorger interessant. Tatsache ist jedoch, dass die Weg-
warte seit dem 18. Jahrhundert zur Herstellung des
Zichorienkaffees kultiviert wurde. Im Ersten Weltkrieg
durfte die Wegwartenwurzel nicht verfüttert und zu keinen
andern Zwecken gewerblich verwandt werden als zur
Herstellung von Kaffeeersatzmitteln.

MUCKEFUCK

Wegwartenwurzeln

Die Wegwartenwurzeln sorgfältig waschen, gut abtrocknen, kleinschneiden und in einer Pfanne ohne Fett rösten.
Danach in der Kaffeemühle fein mahlen und das Pulver ca.
ein Viertel Jahr dunkel im Keller lagern. Dann wie
haushaltsüblichen Kaffee verarbeiten.

Kleiner Wiesenknopf

KLEINER WIESENKNOPF (SANGUISORBA MINOR)

Familie der Rosengewächse (Rosaceae)

VOLKSNAMEN: Pimpinelle, Bibernelle, Steinpetersilie.

BESCHREIBUNG: 20-70 cm hohe Pflanze. Blätter 10-20 cm lang mit 5-17 rundlichen, gezähnten Teilblättchen. Blüten unscheinbar, in kugelig-eiförmigen Köpfchen.

STANDORT: Warme Kalkböden, Trocken- und Halbtrockenrasen, Gebüsche.

INHALTSSTOFFE: Tannine, Bitterstoffe, Schwefelverbindungen.

SAMMELZEIT: Von April bis Juli.

Der kleine Wiesenknopf wirkt antiseptisch, blutstillend, entzündungshemmend, stopfend und adstringierend und wird entsprechend bei Darmentzündungen und starken Durchfällen, außerdem zum Stillen innerer Blutungen, äußerlich bei Hämorrhoiden und leichten Verbrennungen eingesetzt. Auf die blutstillende Eigenschaft weist auch sein botanischer Name „Sanguisorba", das bedeutet „Blutschlürfer", hin.

Bei Appetitlosigkeit soll vor den Mahlzeiten eine kleine Tasse Tee (1 Teelöffel getrocknetes Kraut vom Kleinen Wiesenknopf wird mit 100 ml kaltem Wasser übergossen, zum Kochen gebracht und 10 Minuten ziehen gelassen, dann abgeseiht) getrunken werden. - Als Würzkraut bereichert der Kleine Wiesenknopf alle frischen Salate.

Die Verwendungsmöglichkeiten des Kleinen Wiesenknopfs stellen wir Ihnen auf der folgenden Seite mit einem Rezept für Wildkräuterspundekäs vor. Weitere Rezepte mit ihm finden Sie auf den Seiten 43 (Haferflockensuppe,), 66 (Grüne Sauce), 89 (Schafgarbenbutter mit Kräuterbrot) und 114 (Grießsuppe).

Wildkräuterspundekäs

250 g Quark 20%ig
200 g Frischkäse
Salz, Pfeffer
je 1 EL feingehackte Knoblauchsrauke, Löwenzahn,
Kleiner Wiesenknopf, Vogelmiere, Schafgarbe

Alle Zutaten vermischen und mit Salz und Pfeffer abschmecken. Dazu gibt's Brezeln.

Die Siefersheimer Kräuterhexen (Christine Moebus, Karin Mannsdörfer und Christine Werner) sind drei Frauen, die ihre Kräuterausbildung in der Staatlichen Lehr- und Versuchsanstalt Oppenheim absolviert haben. Dort erlernten sie die Grundlagen der modernen Kräuterkunde und erhielten ein offizielles Ausbildungszertifikat. Seitdem betreuen sie den Siefersheimer Kräuterwanderweg. Dieser vom Landesministerium für Wirtschaft, Verkehr, Landwirtschaft und Weinbau geförderte Kräuterweg liegt im Herzen der Rheinhessischen Schweiz. Auf ihm können die vielfältigsten Heil- und Küchenkräuter entdeckt werden. Die naturbelassenen Wege führen nicht nur zu der 35 Millionen Jahre alten Siefersheimer Brandungsküste, sondern auch zu einzigartigem, unter Naturschutz stehendem Trockenrasen. In diesem landschaftlich einzigartigen Kräuterparadies erzählen die Siefersheimer Kräuterhexen von der Mystik eines fast verlorenen Kräuterwissens: Anekdoten, Heilwirkungen, Rezepte. Und am Ende der Wanderung gibt es auf Wunsch ein Wildkräuteressen.

Weiterhin bieten sie Seminare in Zusammenarbeit mit Volkshochschulen, mittelalterliche Kräutertafeln, spezielle Angebote für Gruppenausflüge u.v.a.m. an.

Von April bis August findet an jedem 1. Sonntag im Monat eine Kräuterführung auf dem Siefersheimer Kräuterlehrpfad statt (Dauer ca. 2 Stunden).

Treffpunkt: Siefersheimer Dorfmitte, 10.30 Uhr.

Weitere Informationen und einen Terminkalender gibt es unter der Telefonnummer 06703/665 oder 06703/1092 oder unter www.kraeuter-hexen.de

SIEFERSHEIMER
KRÄUTERHEXEN

Kochen Sie gerne? Dann sind unsere Kochbücher ein absolutes Muss für Sie!

Zum Beispiel:
DAS KLEINE INGELHEIMER SPARGELBUCH: Alles, was Sie schon immer über Spargel wissen wollten und dazu kreative Rezepte von Michel König.

Oder **DAS KLEINE INGELHEIMER ROTWEINBUCH**: Wie wird deutscher Rotwein bester Qualität angebaut, wie wird er ausgebaut? Und wie kocht man damit? Mit Rezepten von Michel König und Texten von Angelika Schulz-Parthu.

Oder **MAINZER REZEPTE FÜR 5 JAHRESZEITEN**. Hilton-Küchenchef Dirk Maus hat Spitzenrezepte einer gehobenen Regionalküche nach Jahreszeiten zusammengestellt und dabei auch die für Mainz so wichtige 5. Jahreszeit nicht vergessen!

LEINPFAD-VERLAG - DER VERLAG MIT DEM PROGRAMM DIREKT VOM RHEIN!

LEINPFAD
VERLAG

Fragen Sie im Buchhandel nach unseren Büchern oder verlangen Sie unseren Prospekt!
Leinpfad-Verlag, Leinpfad 5
55218 Ingelheim
Tel. 06132/8369, Fax: 06132/896951